Impressum

Autoren
Antje Bostelmann, Christian Engelbrecht, Gerrit Möllers

Gestaltung
Simone Hoschack, Gudrun Peschel

Lektorat
Lektorat Berlin, www.lektoratberlin.de

Bildnachweis
Barbara Dietl, www.dietlb.de

Druckerei
LASERLINE Digitales Druckzentrum Bucec & Co. Berlin KG
Gedruckt auf chlorfrei gebleichtem Papier

Verlag
Bananenblau – Der Praxisverlag für Pädagogen
E-Mail: info@bananenblau.de
www.bananenblau.de

© Bananenblau 2017
ISBN 978-3-942334-40-2

Die Fotos wurden im Klax Kindergarten Wolkenhaus und der Klax Vorschule Regenbogenhaus aufgenommen.

Alle verwendeten Texte, Fotos und grafischen Gestaltungen sind urheberrechtlich geschützt und dürfen ohne Zustimmung des Urhebers bzw. Rechteinhabers außerhalb der urheberrechtlichen Schranken nicht von Dritten verwendet werden, insbesondere, jedoch nicht abschließend, weder vervielfältigt, bearbeitet, verbreitet, öffentlich vorgetragen, aufgeführt, vorgeführt oder zugänglich gemacht, gesendet oder sonst wie Dritten zugänglich gemacht werden.

Antje Bostelmann • Christian Engelbrecht • Gerrit Möllers

Das Portfolio-Konzept digital für den Kindergarten

Mit Smartphone und Tablet zeitsparend und fundiert dokumentieren

Vorwort 7

Einleitung 8

KAPITEL 1:
Die Portfoliomethode 11

KAPITEL 2:
Die Stufenblätter 21

KAPITEL 3:
Der Lotusplan 29

KAPITEL 4:
Der Kreislauf des Lernens 33

KAPITEL 5:
Warum die Portfoliomethode sinnvoll ist 37

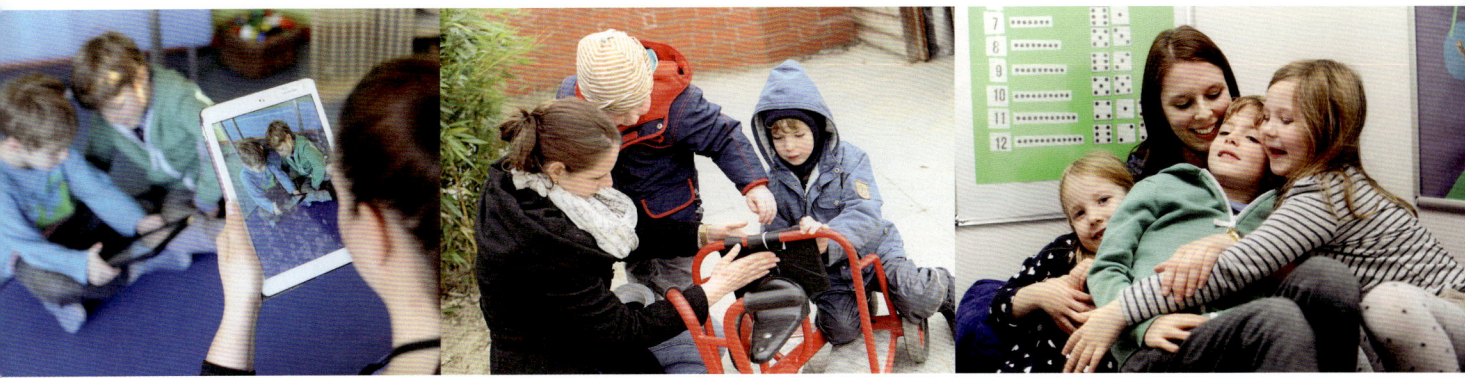

KAPITEL 6:
Wie wir digitale Medien in der Portfolioarbeit nutzen 47

KAPITEL 7:
Das Kitaportfolio digital 57

KAPITEL 8:
Ein starkes Dreier-Team: Erzieherin, Kind und Familie 69

KAPITEL 9:
Auf ein Wort zum Datenschutz 79

Schlusswort 82
Autoren 83
Zum Weiterlesen 84

Anhang | Formulare 85

VORWORT

Die Dokumentation der kindlichen Entwicklung und des kindlichen Lernens ist ein Qualitätsstandard, der in jeder Bildungs- und Betreuungseinrichtung in Deutschland selbstverständlich sein sollte. In den Bildungsprogrammen der Bundesländer wird stets eine Lerndokumentation gefordert; meistens ist dabei vom Portfolio die Rede.

Begegnet wird diesem Anspruch der Lerndokumentation auf unterschiedliche Art und Weise. Man kann davon ausgehen, dass jedes Kindergartenkind eine Mappe hat, in der alles abgelegt ist, was es in der Kindergartenzeit hergestellt, gemalt oder gezeichnet hat. Dazu kommen dann noch liebevoll gestaltete Bögen mit Fotos von besonderen Ereignissen aus dem Kindergartenalltag und vielleicht ein Gruppenfoto. All dies wird den Eltern am Ende der Kindergartenzeit ihrer Sprösslinge wie ein Geschenk überreicht.

Doch mit Portfolioarbeit hat das nicht allzu viel zu tun. Häufig fehlen eine chronologische Dokumentation der Lernschritte, die regelmäßige Reflexion des Lernens und die aktive Einbeziehung von Kindern und Eltern.

Dieser Missstand ist den meisten pädagogischen Fachkräften sehr wohl bekannt. Sie geben ihr Bestes, um die Tagesdokumentation und die Wochenrückblicke für die Eltern regelmäßig und in angemessener Form an der Pinnwand im Flur auszuhängen.

Die im Personalschlüssel hierfür vorgesehene Vorbereitungszeit – häufig nicht mehr als zwei Stunden pro Woche – wird meistens für die Vertretung erkrankter Kolleginnen[1] genutzt, sodass die Dokumentation nur außerhalb der Arbeitszeit, also durch das Ableisten von Überstunden, zu realisieren ist.

Kein Wunder also, dass die individuelle Entwicklungsdokumentation für jedes einzelne Kind nur »so gut es eben geht« gemacht werden kann, bisweilen aber auch ganz und gar unter den Tisch fällt. Mit der Weiterentwicklung des Portfolios und seiner Überführung ins Digitale gehen etliche Verbesserungen einher, die vor allem in einer Zeitersparnis und in einer verbesserten Integration der Portfoliomethode in den pädagogischen Alltag liegen.

Wir beschreiben in diesem Buch, wie sich die Portfolioarbeit in den letzten zehn Jahren weiterentwickelt hat und wie das Führen von Portfolios Schritt für Schritt durch digitale Medien erleichtert worden ist. Wohl wissend, dass Veränderungen für Kindereinrichtungen eine große Herausforderung sind und die Auseinandersetzung mit Technik nicht gerade zu den Lieblingsbeschäftigungen der Erzieherinnen gehört, möchten wir doch dringend dazu raten, die Herausforderung anzunehmen. In der digitalen Technik steckt viel Nützliches: jede Menge Arbeitserleichterung und großartige Möglichkeiten, um die Entwicklung und das Lernen der Kinder noch anschaulicher zu dokumentieren.

Wie bei allen unseren Büchern sind wir auf das Feedback unserer Leser gespannt. Zögern Sie also nicht, uns Ihre Anmerkungen, Fragen und Ideen mitzuteilen.

Antje Bostelmann, Christian Engelbrecht und Gerrit Möllers

Januar 2017

---

[1] Um den Lesefluss nicht zu behindern, haben wir im Fließtext meistens die weibliche Form gewählt. Es dürfen sich aber immer beide Geschlechter angesprochen fühlen.

EINLEITUNG

Eines Abends sagt Piet zu seiner Mutter: »Du musst daran denken, morgen ist Portfoliogespräch.« Er sieht an ihrem Gesicht, dass sie diesen Termin gar nicht auf dem Schirm hat, und kommt ihr zuvor: »Du warst das letzte Mal schon nicht da. Bitte, Mama! Ich will dir zeigen, was ich gemacht habe.«

Piet ist sechs Jahre alt. Es ist Sommer, und er wird in wenigen Wochen eingeschult. Im Kindergarten hat er sein Portfolio geordnet und alle Blätter, die er seiner Mutter zeigen möchte, mit einem gelben Klebezettel gekennzeichnet. Susanne, seine Erzieherin, hat im Büro den Tisch mit einer Tischdecke und Blumen geschmückt. Piet hat mitgeholfen. Es gibt Wasser, Tee und Kaffee, und Piet springt aufgeregt vor dem Eingang des Kindergartens hin und her. Endlich ist seine Mutter da!

Dann sitzen Piet, seine Mutter und Susanne an dem schön gedeckten Tisch. Piet schlägt sein Portfolio auf und beginnt zu berichten: »Hier habe ich gemessen, wie lang unser Bauraum ist: drei Meter!« Piet nickt sehr ernst. »Hier waren wir bei der Müllabfuhr. Der Müll kommt hier in das Auto rein.« Er zeigt auf ein Foto. »Ich finde das so gruselig, wenn das Auto den Müll schluckt.« Er schüttelt sich. Seine Mutter hat Tränen in den Augen. Susanne bittet Piet, noch auf seine »Geschafft! Gelernt!«-Blätter in Kunst einzugehen. Piet zeigt daraufhin eine Kohlezeichnung. Er hat eine Apfelhälfte gezeichnet. »Der Apfel hatte so Stellen«, erklärt er. »Die habe ich hier gemalt.« Er zeigt auf graue Schraffuren.

Zum Abschluss übergibt Susanne das Portfolio an Piets Mutter. »Hier ist das Kindergartenleben Ihres Sohnes drin. Achten Sie gut darauf. Das Portfolio wird Ihnen zu Hause noch viel Freude bereiten.«

Die Arbeit mit dem Portfolio im Kindergarten hat sich bewährt. Gerade deshalb ist die Digitalisierung des Portfolios ein wichtiger Schritt, denn dadurch werden viele Prozesse im Kindergarten vereinfacht. Zugleich bleiben die Vorteile des bisherigen Papierportfolios auch weiterhin erhalten:

- Konzentration auf die Entwicklung des einzelnen Kindes,
- Sachinformationen über die kindliche Entwicklung,
- chronologische Reihenfolge der Entwicklungsschritte sowie
- Beteiligung der Kinder an der eigenen Entwicklungsdokumentation.

Das digitale Portfolio hat viele Vorteile. Es kann von Tablets und Smartphones aus geführt werden. Es löst Zeitprobleme, die fast jeder Kindergarten bei der Erledigung von administrativen Aufgaben kennt. Neue Software und verschiedenste digitale Geräte eröffnen Erwachsenen und Kindern eine ganze Reihe von Möglichkeiten, den pädagogischen Alltag zu bereichern, Lernen interessanter und lebendiger zu gestalten und auch in der Verwaltungsarbeit Zeit zu sparen und Fehler zu vermeiden.

Sehen wir uns doch so ein Tablet oder Smartphone einmal genauer an: Es handelt sich um eine gelungene Kombination verschiedenster Geräte, die wir alle schon kennen und benutzt haben – digitale Fotokamera, Diktiergerät, Abspielgerät, Filmkamera, Schreibmaschine, Speichermedium und vieles mehr.

Dank solcher Funktionsvielfalt können ganz unterschiedliche Tätigkeiten (Hochladen, Ausdrucken, Zuschneiden, Aufkleben) in einem Rutsch erledigt werden, für die vorher mehrere Arbeitsschritte und mehrere Medien (Fotokamera, Computer, Drucker, Schere, Kleber) nötig waren. Hinzu kommen eine kinderleichte, intuitive Bedienung und die meist selbsterklärende Funktionsweise.

Mithilfe von Tablets und Smartphones können in einem Zug Fotos aufgenommen und mit Text versehen, einem Speicherplatz zugeordnet oder ausgedruckt werden. Mit der App PicCollage zum Beispiel kann die Erzieherin im Handumdrehen ein Poster zu dem aktuell stattfindenden Ausflug gestalten und direkt bei der Rückkehr in die Kita ausdrucken und aufhängen. Kindergartenkinder könnten während des Ausflugs die Aufgabe übernehmen, die Fotos zu machen und mithilfe der App in ein Poster umzuwandeln.

Computer sind eigentlich dumm. Sie können nur »Ja«- und »Nein«-Befehle verarbeiten. Aber sie sind sehr gut im Sortieren von Dingen. Das machen wir uns zunutze, wenn wir ein digitales Portfolio verwenden. Ein solches digitales Portfolio ist zunächst nichts weiter als eine Datenbank, die entsprechend dem Papierportfolio strukturiert wurde. Im System sind die sogenannten Stufenblätter abgespeichert und den ebenfalls hinterlegten Bildungsbereichen zugeordnet. Das digitale Portfolio lässt sich auf jedem Tablet, Smartphone oder Computer aufrufen. Der Zugriff auf die Kinderdaten ist mit Kennwörtern geschützt. Jeder Nutzer bekommt einen Zugang für einen bestimmten Bereich. So ist es möglich, dass die Leiterin die Portfolios aller Kinder einsehen kann, während die Gruppenerzieherin nur auf die Portfolios ihrer Schützlinge und die Eltern nur auf das ihres eigenen Kindes zugreifen können.

So können sich die Eltern jeden Tag ein Bild über die Lernentwicklung ihres Sprösslings machen oder auch selbst Entwicklungsschritte einstellen, die sie zu Hause beobachtet und dokumentiert haben.

Mit dem digitalen Portfolio wird die Dokumentationsarbeit Teil des pädagogischen Alltags und kann von Kindern, Eltern und Erziehern gemeinsam und zeitsparend erledigt werden.

Die im digitalen Portfolio enthaltene Datenbank lässt verschiedene Aussagen zu, zum Beispiel darüber, wo jedes einzelne Kind in seiner Lernentwicklung steht oder was die Kindergruppe schon kann. So können pädagogische Fachkräfte erkennen, in welchem Bildungsbereich im Kindergarten mal wieder etwas mehr getan werden müsste.

Das digitale Portfolio ist längst keine Utopie mehr – es gibt bereits unterschiedliche Angebote auf dem Markt, und es lohnt sich für Erzieherinnen, Leitungen und Träger, sich diese genauer anzusehen.

Das digitale Portfolio bedeutet nicht nur eine Arbeitserleichterung und Zeitersparnis für die pädagogischen Fachkräfte; vielmehr handelt es sich um ein Instrument, mit dessen Hilfe sich die Qualität in pädagogischen Einrichtungen sicherstellen und verbessern lässt. Und nicht zuletzt bietet es den Eltern die Möglichkeit, jeden Tag aufs Neue zu erfahren, wie es ihrem Kind geht, auch wenn sie nicht selbst vor Ort sind.

Drei Gründe, warum digitale Medien die pädagogische Arbeit im Kindergarten verbessern:

1. Arbeitserleichterung: Worauf wartet der Kindergarten eigentlich noch? Erzieherinnen und Erzieher nutzen digitale Medien bereits. Sie haben gelernt, Filme zu erstellen und den pädagogischen Nutzen von Apps kritisch einzuschätzen. Der Kindergarten sollte diese technischen Kompetenzen, die häufig nur im Privaten zum Einsatz kommen, auch für die pädagogische Arbeit nutzen.

2. Zeitersparnis: Kopf frei für das Wesentliche – denn in Kindereinrichtungen wird für das Wichtigste der Welt gearbeitet. Es ist leicht, ein Foto und Video zu posten oder die Eltern über den bevorstehenden Ausflug zu informieren. Das geht auch zwischendurch und von zu Hause aus. Nun ist dank der digitalen Technik das ortsungebundene Arbeiten möglich geworden. Für pädagogische Fachkräfte, denen es manchmal schwerer fällt, Familie und Beruf zu vereinbaren, ist dies ein unschätzbarer Vorteil.

3. Qualitätssteigerung: Vollständige und aussagekräftige Portfolios sind mithilfe digitaler Medien realisierbar. Entwicklungsschritte und Lernerfolge können nun noch konkreter, unmittelbarer und dadurch informativer dokumentiert werden.

KAPITEL 1: DIE PORTFOLIOMETHODE

In diesem Kapitel beschreiben wir die Hauptmerkmale der Portfoliomethode, wie sie seit rund zehn Jahren erfolgreich angewandt wird. Was ist im Portfolio enthalten, und wie wird es benutzt? Wer hat Zugriff darauf und in welchen Alltagsbezügen wird es eingesetzt? Wir beschreiben die Entwicklung des Portfolios, wie man es heute kennt, zu einer neuen, verbesserten digitalen Anwendung.

Portfolio

Ein Portfolio ist eine zeitlich geordnete und nach Bildungsbereichen oder Schulfächern sortierte Aufzeichnung über das Lernen und die Entwicklung eines Kindes.

Klax hat die Portfolioarbeit nach Deutschland gebracht. Der Verlag an der Ruhr hat seit 2007 eine Reihe von Veröffentlichungen zur Portfoliomethode herausgebracht, die zu absoluten Bestsellern wurden. Die Verkaufszahlen deuten darauf hin, dass so gut wie jeder deutsche Kindergarten und jede Krippe mindestens eines dieser Bücher besitzt und sich darüber mit dieser Form der Lern- und Entwicklungsdokumentation auseinandergesetzt hat. Vor diesen Veröffentlichungen untersuchten wir Kindergärten und Schulen in mehreren europäischen Ländern, die mit Portfolios arbeiteten. Die meisten von uns beobachteten Portfolios waren einfache Sammlungen. Wir entwickelten die Portfoliomethode entsprechend unseren Bedürfnissen so lange weiter, bis sie für die Dokumentation von Lernzielen und für die Begleitung kindlicher Entwicklung in Krippe und Kindergarten geeignet war.

AUS DER PRAXIS

Wie wir die Portfoliomethode kennengelernt haben

Wir hatten einen Termin in der Älta skola im Süden von Stockholm. Eine Lehrerin empfing uns und stellte uns zwei Schülerinnen der dritten Klasse vor. Die beiden wollten uns durch die Schule führen und uns alles erklären. Die Lehrerin würden wir dann in der Mittagszeit wiedersehen. Die beiden Mädchen führten uns in eine erste Klasse. Ein kleiner Junge kam mit einem dicken Aktenordner in der Hand auf uns zu und bat uns, sich zu ihm zu setzen. Er zeigte uns die Blätter seines Portfolios, und wir staunten nicht schlecht. Die Mädchen aus der dritten Klasse übersetzten das Gesagte ins Englische. Zum Schluss zeigte uns der Junge eine Seite, auf der alles, was er im Kindergarten gelernt hatte, zusammengefasst war: Er könne bis zehn und wieder zurück zu null zählen, in ganzen Sätzen sprechen, einen Menschen zeichnen, der alle fünf Finger an jeder Hand hat, und so weiter. Voller Stolz machte der Junge vor, wie er bis zehn und wieder zurück zählen konnte. Die Schülerinnen aus der dritten Klasse erklärten, dass die Lehrer die Blätter der neuen Kinder ganz genau studieren und deren Inhalt überprüfen, um dann für jedes Kind die richtigen Lernaufgaben vorzubereiten.

In einer anderen Klasse wurden wir auf ein großes Plakat aufmerksam. Darauf waren viele Rechtecke in einem regelmäßigen Rhythmus angeordnet. In mehreren Handschriften waren Eintragungen vorgenommen worden. Wir baten unsere Begleiterinnen um eine Erklärung. Sie bemühten sich redlich, doch wir verstanden nichts. Irgendwann wurden die Schülerinnen müde und meinten, wir sollten uns von Ann, der Lehrerin, die Übersicht erklären lassen. Heimlich werden sie wohl gedacht haben, dass wir etwas schwer von Begriff sind. Unsere bisherige Vorstellung von Planung war linear und unflexibel, weshalb wir nicht verstanden, was man uns erklären wollte. Und so brauchten wir dann noch einige Besuche in anderen Einrichtungen, die den Lotusplan[2] nutzten, um endlich zu verstehen, wie fließende Planung in Bildungseinrichtungen gelingen kann.

In der Mittagszeit trafen wir wieder auf Ann Karlberg, die Lehrerin, die uns am Morgen begrüßt hatte. Sie zeigte uns, wie das Team der Älta skola mit der Portfoliomethode arbeitete und diese immer weiterentwickelt hatte: Zuerst breitete sie eine ganze Reihe von Kinderzeichnungen vor uns aus. Es waren Zeichnungen eines Schülers, die er über die gesamte Schulzeit hinweg angefertigt hatte – jedes halbe Jahr eine neue Zeichnung. Die Reihe ließ nicht nur erkennen, wie der Schüler mit der Zeit gelernt hatte, immer besser und genauer zu zeichnen; es war auch deutlich zu erkennen, welche Entwicklung die Persönlichkeit des Kindes genommen hatte.

Zum Schluss erzählte uns Ann eine Geschichte. Sie berichtete von einem Schüler, der in der siebten Klasse zu ihr in die Gruppe kam. Seine bisherige Lehrerin hatte ihm eine Bewertung mitgegeben, wie sie grauenvoller nicht hätte sein können. Nach dieser Bewertung konnte der Junge so gut wie nichts, störte ständig den Unterricht und war im Grunde nicht bereit, irgendetwas zu lernen. Und tatsächlich: Der Junge träumte im Unterricht, stand plötzlich auf und lief im Raum umher, oder er kam nach der Hofpause einfach nicht mehr ins Klassenzimmer zurück. Ann sprach ihn darauf an und vereinbarte ein Gespräch mit ihm. Sie erfuhr, dass der Junge in der Schule gerne Sport machte und vor allem eines gar nicht mochte: Mathematik – das Fach, welches Ann unterrichtete. In der Hofpause bat Ann den Jungen, mit ihr Tischtennis zu spielen, und während die anderen Kinder im Mathematikunterricht saßen, ließ sie ihn im Hof Runden laufen, diese zählen und die Anzahl notieren. Am Ende der Woche sollte der Junge ermitteln, an welchem Tag er die meisten Runden geschafft hatte. Dabei erfuhr Ann, dass der Junge sich für Eishockey interessierte und jede Woche die Tabelle mit den Spielpunkten auswertete. Und so ließ sie ihn auf der Grundlage dieser Punktetabelle die unterschiedlichsten Matheaufgaben rechnen. Gemeinsam schafften sie im Schulabschlusszeugnis des Jungen ein passables Ergebnis im Fach Mathematik. Ann schloss ihre Erzählung mit den Worten: Und heute ist er ein wichtiger Spieler in unserer Eishockey-Nationalmannschaft.

Das Portfolio unterstützt die Pädagogen dabei, den wichtigen Grundsatz der Klax-Pädagogik »Jeder Mensch kann alles lernen« in die Realität umzusetzen. Mithilfe der im Portfolio abgelegten Lernbeweise erkennt das Kind,

- dass es lernt, sich entwickelt und groß wird und
- wie es lernt und was es dabei erlebt hat.

Als Portfolio wird eine strukturierte Sammlung ausgewählter Dokumente bezeichnet, die es Kindern und ihren Eltern ermöglichen, Entwicklungsfortschritte, die erworbenen Kompetenzen und den Erfahrungszuwachs aufzuzeigen. Ziel der Portfolioarbeit ist es, dass Kinder ihr eigenes Lernen mitverfolgen und als selbstaktiven Prozess wahrnehmen können. Selbstwahrnehmung und Selbstwirksamkeit sind wichtige Kompetenzen, die in der kindlichen Entwicklung erworben werden. Das Portfolio stellt ein Werkzeug dar, mit dessen Hilfe Kinder, Eltern und Pädagogen die Entwicklung nachvollziehen und einzelne Entwicklungs- und Lernschritte reflektieren können. Damit wird es möglich, den Zuwachs an eigenem Wissen und Können bewusst zu erkennen und zu verfolgen.

> **Die Portfoliomethode beinhaltet drei entscheidende Aspekte:**
>
> 1. eine chronologische Dokumentation der Lern- und Entwicklungsschritte,
> 2. die regelmäßige Reflexion des kindlichen Lernens unter Einbeziehung von Kindern, Eltern und Pädagogen sowie
> 3. die Eingliederung der Portfolioarbeit in den Beobachtungs- und Planungsprozess der Einrichtung.

> **Diese Aspekte erleichtern die Auswahl der Dokumente für das Portfolio:**
>
> 1. Das Dokument zeigt einen deutlichen Entwicklungsschritt des Kindes.
> 2. Das Dokument zeigt ein Foto oder eine Zeichnung, die einen Entwicklungsschritt erkennbar und erklärbar machen.
> 3. Das Dokument ist das für den spezifischen Entwicklungsschritt aussagekräftigste Beispiel unter mehreren ähnlichen Beispielen.

Das Portfolio dient als Grundlage der Entwicklungseinschätzung des Kindes und dem Austausch darüber. Anhand des Portfolios wird regelmäßig besprochen, wie der Bildungs- und Entwicklungsprozess des Kindes gefördert werden kann. Dies geschieht in Form regelmäßig stattfindender Elterngespräche, in denen das Portfolio gezeigt und die darin enthaltenen Lerndokumentationen besprochen werden. Kinder können schon in sehr jungem Alter an diesen Elterngesprächen teilnehmen und ab dem vierten Lebensjahr mithilfe des eigenen Portfolios über sich selbst berichten.

Das Portfolio ist kein Sammelsurium wahllos zusammengestückelter Dokumente, Bilder und Fotos. Alle Dokumente sind chronologisch geordnet und haben eine Bedeutung für die Darstellung der Entwicklung und der Lernleistung des Kindes. Es ist sehr wichtig, dass die Pädagogen ihre Auswahl der im Portfolio abgelegten Dokumente begründen können und diese Begründung auch von älteren Kindern verlangen, die selbst Lernbeweise in ihr Portfolio einfügen.

Bildungseinrichtungen haben den Auftrag, die Kinder zu aktiven Mitgestaltern ihres Lernerfolges zu machen und ihnen Erkenntnisse über das eigene Wissen und Können zu ermöglichen. Das selbstständige und selbstbewusste Kind versteht sich als Teil einer gut funktionierenden sozialen Gemeinschaft, in der aufeinander Rücksicht genommen und sich gegenseitig unterstützt wird. Vor diesem Hintergrund erscheint es uns besonders wichtig, Kinder an der Dokumentation ihres eigenen Lernens im Portfolio zu beteiligen. Dies dürfte spätestens ab dem vierten Lebensjahr möglich sein!

Strukturelle Voraussetzungen für das Gelingen der Portfolioarbeit

Eine gut durchdachte und vor allem gelebte Struktur ist die Voraussetzung dafür, dass im Kindergarten erfolgreich gearbeitet werden kann. Strukturen schaffen Sicherheit für alle Beteiligten, denn sie geben jedem einen Platz, einen Arbeitsbereich – und den Alltagsaufgaben einen Rahmen. Eine wichtige strukturelle Einheit ist die Kindergruppe. Diese ist mit Merkmalen verbunden wie zum Beispiel Alter und Anzahl der Kinder, Anzahl der zur Gruppe gehörenden Pädagogen und dem der Gruppe zugeordneten Raum.

Mithilfe einer Tagesablaufstruktur wird festgelegt, welche Gruppe zu welcher Zeit welche Aktivität durchführt, welchen Raum sie dafür benutzt, welche Pädagogen dabei anwesend sind und welche Materialien dafür gebraucht werden.

DIE TAGESABLAUFSTRUKTUR

- Ankommenszeit
- Frühstück
- Morgenkreis
- Angebot
- Spielzeit
- Aufenthalt im Freien
- Mittag
- Mittagsruhe
- Vesper
- Abschlusskreis
- Spätbetreuung

Die Erwachsenen im Kindergarten müssen ihre Arbeiten, die sie ohne die Kinder ausführen, strukturieren und dabei verbindliche Absprachen treffen. Dies betrifft vor allem den Planungsprozess. Dabei ist es sinnvoll, sämtliche Planungssitzungen monatlich über das gesamte Kitajahr hinweg im Voraus zu terminieren. Um über die Entwicklung der Kinder zu sprechen, braucht es noch eine gesonderte Sitzung – die pädagogische Entwicklungskonferenz. Diese wird halbjährlich im Kalender eingeplant.

Da diese Sitzungen jeweils einen anderen Inhalt haben, müssen die zu besprechenden Themen genau zu den Inhalten passen. Dies regelt man mit einer TOP-Liste, die jeweils vor der Sitzung feststehen und allen Teilnehmern bekannt gegeben werden muss. Es gibt eine ganze Reihe struktureller Instrumente, die im Kindergarten genutzt werden. Auch in der Elternzusammenarbeit wird auf Strukturen zurückgegriffen. So wird geregelt, wie häufig es Elternabende und kindzentrierte Elterngespräche gibt, wie lange diese dauern sollen und was darin besprochen wird. Diese Strukturmerkmale sind nicht nur für alle Arbeitsabläufe im Kindergarten wichtig, sondern auch für die Organisation der Portfolioarbeit unabdingbar. Das Portfolio fügt sich in die Alltagsstrukturen des Kindergartens ein und kann ohne diese Strukturen nicht funktionieren. Die Strukturen sind wesentliche Qualitätsgaranten und müssen deshalb gelebt, geschützt und weiterentwickelt werden.

Portfolioarbeit im Alltag

Es ist wichtig, die Portfolioarbeit fest in den pädagogischen Alltag zu integrieren. Zu diesem Zweck ist die Einrichtung einer wöchentlichen Planungs- und Portfoliozeit sinnvoll. Diese dient der individuellen Wochenauswertung und findet regelmäßig freitags statt. Hier werden die Lernbeweise der Woche in das Portfolio aufgenommen. Die Kinder sind spätestens ab dem vierten Lebensjahr beim Führen ihres Portfolios beteiligt. Es macht, wie bei allen Dokumentationsformen, auch bei der Portfolioarbeit keinen Sinn, dass Pädagogen in den Randzeiten, am Abend oder zu Hause allein die Portfolios der Kinder füllen.

Das Portfolio dient der Lernreflexion

Das Portfolio dient der Reflexion des eigenen Lernens. Es ordnet zum einen die Lernerfolge und macht dem Kind wie auch dem Pädagogen den Wissenszuwachs deutlich. Zum anderen wird durch ein gut geführtes Portfolio klar, welcher Lerntyp hier lernt und welche Aufgaben die Erzieherinnen anbieten müssen, um das Lernen dieses

Kindes weiter zu fördern. Daher gehen die Kinder ab dem Kindergartenalter auf den »Geschafft! Gelernt!«-Bögen folgenden Leitfragen nach:

- Was habe ich erfahren?
- Was habe ich dabei gelernt?
- Wie habe ich das gelernt?
- Warum ist das wichtig?

Die Gliederung des Portfolios

Das Portfolio gliedert sich in zwei Teile: die »Ich-Seiten« und die Bildungsdokumentation. Auf den »Ich-Seiten« berichtet das Kind über sich selbst. Gute Kindergärten und Schulen lassen die Kinder in regelmäßigen Abständen ein Selbstporträt zeichnen und über ihre Gruppe berichten. Es gibt Seiten über die Familie, über die Freunde und darüber, welche persönlichen Ziele das Kind verfolgt, was es mal werden will oder welchem Hobby es nachgeht.

Der Teil »Bildungsdokumentation« ist im Kindergarten in die verschiedenen Bildungsbereiche aufgeteilt: Soziales Lernen, Sprachentwicklung, Mathematik, Naturwissenschaften, Körper und Bewegung, Kunst, Musik und Weltwissen sind die Hauptüberschriften, die in jedem Bildungsprogramm zu finden sind, auch wenn sie abhängig vom Bundesland jeweils andere Bezeichnungen tragen. In der Schule gliedert sich dieser Teil des Portfolios nach den Schulfächern. Wie Portfolios aussehen und welche Formulare und Vorlagen darin benutzt werden, wird in unseren anderen Veröffentlichungen zum Thema ausführlich beschrieben.[3]

3) »Das Portfolio-Konzept in der Krippe«, »Das Portfolio-Konzept für Kita und Kindergarten«, »So gelingen Portfolios in der Krippe«, »So gelingen Portfolios in Kita und Kindergarten« (Verlag an der Ruhe 2007–2009)

Die Stufenblätter im Portfolio

Das Lernen von Kindern zu verfolgen, ist gar nicht so einfach. Denn wir wissen, dass Lernen nicht linear, sondern myzelartig verläuft: Wie ein Pilzwurzelgeflecht (Myzel) unter der Erdoberfläche verbindet sich Gelerntes nach und nach zu neuem Wissen. Es scheint auf den ersten Blick nahezu unmöglich, diesen Prozess nachzuverfolgen. Deshalb haben sich pädagogische Fachkräfte damit beholfen, Entwicklungstabellen aufzustellen und mit deren Hilfe das Lernen der Kinder zu dokumentieren.

Eine hilfreiche Entwicklungstabelle sind die Stufenblätter, auf die wir im nächsten Kapitel noch ausführlicher eingehen werden. Für die Stufenblätter wird das Bild einer Treppe verwendet: Jeder Mensch erklimmt lernend Stufe für Stufe, in seinem ganz eigenen Tempo, seiner eigenen Gründlichkeit und Tiefe. Stufenblätter sind nach Bildungsbereichen oder Schulfächern gegliedert. Auf jedem Stufenblatt sind die zu dem Bildungsbereich und zu der Lern- und Entwicklungsphase des Kindes passenden Lernziele vermerkt, die auf jeden Fall erreicht werden sollten. Selbstverständlich ist auf jedem Stufenblatt noch Platz, um neue und individuelle Lernziele hinzufügen zu können.

Mithilfe der Stufenblätter lassen sich Lernereignisse präzise einordnen und ins Portfolio einsortieren. Damit dies gelingt, werden zu jedem Bildungsbereich die dazugehörigen Stufenblätter ins Portfolio eingeheftet. Die im Laufe der Krippen-, Kindergarten- und Schulzeit erstellten Lernbeweise auf den »Geschafft! Gelernt!«-Blättern werden genau den jeweiligen Stufen und Bildungsbereichen zugewiesen, zu denen sie gehören.

Das kindzentrierte Elterngespräch

Regelmäßig, einmal im halben Jahr, zeigt jedes Kind im Beisein des Bezugspädagogen oder der Gruppenerzieherin das Portfolio seinen Eltern. Das Kind berichtet anhand der einsortierten »Geschafft! Gelernt!«-Blätter darüber, was es im letzten halben Jahr erreicht hat. Eltern und Pädagogen sind angehalten, dem Kind ein wertschätzendes Feedback zu den Lernergebnissen zu geben. Gleichzeitig teilen sie dem Kind die Erwartungen an seine weiteren Lernschritte mit. Mit Vorschulkindern im letzten

Kindergartenjahr kann eine Lernvereinbarung für das kommende halbe Jahr geschlossen werden.

Das Führen des Entwicklungsgespräches unter Zuhilfenahme des Portfolios ist bereits seit Langem fester Bestandteil in vielen Kindergärten. Das Portfolio hilft dabei, das Gespräch konkreter zu gestalten. Insbesondere Fotos und Videos ermöglichen es Eltern, Kindern und Pädagogen, einzelne Momente noch einmal gemeinsam zu betrachten und zu genießen.

Indem die Eltern eigenständig auf das digitale Portfolio ihres Kindes zugreifen können, können sie sich viel besser als bisher auf das Gespräch vorbereiten und Fragen zu einzelnen Lernschritten mitbringen.

Umgang mit Fotos und Datenschutz im Portfolio

In Portfolios werden die einzelnen Lernschritte bzw. die Ich-Seiten meistens mit Fotos von den jeweiligen Kindern dokumentiert. Da stellt sich vielen Erzieherinnen die berechtigte Frage nach dem rechtlichen Rahmen dieser Dokumentation. Zunächst bleibt festzuhalten, dass die Verwendung von Fotos und Videos im Portfolio rechtlich unproblematisch ist, da es sich um Dokumentationen der pädagogischen Arbeit handelt und diese im Betreuungsvertrag geregelt ist. Einen möglichen Vertragspassus dazu finden Sie in Kapitel 9.

Erzieherinnen sollten bei der Auswahl der Bilder für das Portfolio allerdings nicht nur auf rechtliche, sondern auch auf ethische und pädagogische Gesichtspunkte achten. Es will sorgfältig geprüft sein, welche Fotos und Videos ins Portfolio kommen: Fotos und Videos, welche die Gefühle der Eltern oder der Kinder verletzen könnten (zum Beispiel Nacktdarstellungen oder beschämende Aufnahmen), gehören nicht ins Portfolio.

In Bezug auf den Datenschutz ist darauf zu achten, dass der Zugriff auf das Portfolio nicht für jeden möglich sein darf. Dieses ist so aufzubewahren, dass es nur von den Erzieherinnen, dem Kind und den jeweiligen Eltern eingesehen werden kann. Im Alltag kann sich dies jedoch schwierig gestalten, da der Anspruch, dass das Kind jederzeit Zugriff auf sein Portfolio hat, stets Vorrang haben sollte.

Das gehört zur Portfolioarbeit dazu

Portfolioarbeit ist mehr als nur das Führen einer Mappe. Der Begriff »Portfolioarbeit« beschreibt ein komplexes Vorgehen zur kontinuierlichen Unterstützung des Lernens und der Selbstreflexion des Kindes Zur Portfolioarbeit gehören deshalb folgende Punkte unbedingt dazu:

1. Reflexion der pädagogischen Angebote im Kindergarten durch die Pädagogen

Das sich aus einem Portfolio ergebende Bild des Leistungs- und Entwicklungsstandes eines Kindes kann der Pädagoge nutzen, um die Lernsituationen positiv zu gestalten und lösungsorientiert zu verändern. Die pädagogischen Fachkräfte lassen das erhaltene Feedback in die Gestaltung und Planung künftiger Lern- und Bildungsangebote einfließen.

2. Aktives Lernen

Die Kinder erleben sich selbst als aktive Mitgestalter ihres Lernerfolges. Sie erkennen aufgrund der Lerndokumentation, wie sie lernen und was sie tun können, um erfolgreiche Lerner zu bleiben. Im Kindergarten wird besonders in der Angebotszeit und beim

Projektlernen deutlich, wie sehr Kinder die Selbstaktivität bei der Erkundung der Welt genießen.

3. Portfoliogespräche

Mindestens einmal pro Halbjahr wird ein Portfoliogespräch geführt. Dafür sind der respektvolle Umgang miteinander, Offenheit, Ehrlichkeit, Vertrauen und nicht zuletzt der Mut, seine Meinung frei zu äußern, notwendig. Gefördert werden die Fähigkeit zur Eigen- und Fremdwahrnehmung, die Kommunikationsfähigkeit sowie die Einsicht in die eigene Mitverantwortung für die gesamte Lerngruppe.

4. Motivierende Leistungsbeurteilung

Leistungsbeurteilungen im Kindergartenalter sind durchaus üblich: Sprachstandtests oder Schuleingangsuntersuchungen sind nur zwei von vielen Beispielen. Beurteilungen sind wichtig für Kinder. Dabei ist aber unbedingt darauf zu achten, diese Lernbeurteilungen so zu gestalten, dass die Kinder motiviert und optimistisch bleiben. Dazu ist es vor allem nötig, den Kindern respektvoll gegenüberzutreten. Es ist wichtig, nicht ohne das Kind über dessen Leistungsvermögen zu sprechen, sondern stets mit ihm gemeinsam darüber zu reflektieren, was schon gut gelungen ist und wo noch Luft nach oben ist. Auch ein Kindergartenkind will wissen, was es lernen muss und was von ihm erwartet wird. Pädagogen müssen in der Lage sein, die Leistungserwartung gegenüber den Kindern sehr genau zu formulieren. Es ist außerdem wichtig, den Kindern solche Aufgaben zu geben, die sie auch bewältigen können. Dies gelingt mithilfe genauer Beobachtung eines jeden Kindes und individuell ausgerichteter Planung.

5. Organisatorische Eingliederung der Portfolioarbeit in den Kita-Alltag

Portfolioarbeit ist kein Extra. Die Dokumentation der Lernleistung gehört zum Alltag der sozialen Gemeinschaft dazu. Das bedeutet, dass gute Kitas das Portfolio an vielen Stellen im Alltag zur Hand nehmen und in ihre Arbeitsstruktur einbeziehen. Die Pädagogen sehen sich in den Planungssitzungen die Portfolios ihrer Kinder an, um zu erfahren, was diese schon können und welche Herausforderung ihnen guttun könnte. Zu jeder Angebotszeit stehen die Portfolios bereit und können sofort mit gelungenen Lernbeweisen gefüllt werden. Es gibt jede Woche am Freitag eine Portfoliostunde, in der alle Portfolios hervorgeholt und kontrolliert werden. Alle sechs Monate werden sie im Elterngespräch betrachtet.

Fünf Leitsätze für eine erfolgreiche Portfolioarbeit:

1. Portfolioarbeit bedeutet nicht das Führen eines Hefters, sondern ist eine komplexe pädagogische Arbeitsweise zur Unterstützung des Lernens von Kindern.

2. Ein Portfolio ist keine Sammelmappe, sondern eine Entwicklungs- und Lerndokumentation.

3. Ein Portfolio ist kein Selbstzweck, sondern muss die Lernerfolge eines Kindes sichtbar machen.

4. Das Führen von Portfolios ist keine Dienstleistung von Erzieherinnen für die Kinder, sondern eine gemeinsame Tätigkeit von Eltern, Pädagogen und Kindern. Das bedeutet, Kinder und Eltern werden in die Portfolioarbeit einbezogen, Kinder sind spätestens ab dem letzten Kitajahr an der Auswahl und Ablage der eigenen Lernbeweise beteiligt.

5. Das Portfolio ist keine Kinderakte: Vertrauliche Informationen, die für Kinder und Eltern irritierend sein könnten, sowie ärztliche Bescheinigungen gehören nicht ins Portfolio.

DAS PORTFOLIO-KONZEPT DIGITAL | KAPITEL 2

KAPITEL 2:
DIE STUFENBLÄTTER

In diesem Kapitel gehen wir detailliert auf die Stufenblätter ein und erklären, wie sie im pädagogischen Alltag eingesetzt werden und in welchem Zusammenhang sie zum Portfolio stehen.

Stufenblätter

Stufenblätter[4] sind eine Hilfsstruktur für Pädagogen, Kinder und Eltern, die auf vereinfachte Art und Weise die allgemeine Entwicklung von Kindern und deren Lernschritte chronologisch geordnet auflisten. Stufenblätter beziehen sich dabei nicht direkt auf das Alter eines Kindes und dienen insbesondere dazu, bei Übergängen in der Bildungsbiografie von Kindern, zum Beispiel bei der Einschulung, die Anschlussfähigkeit im Lernen sicherzustellen. Stufenblätter können die Lernentwicklung von Menschen abbilden – von der Geburt bis zum Lebensende.

Pädagogen stehen vor der Aufgabe, Bildungsangebote so zu planen, dass sie an die individuellen Bedürfnisse und Entwicklungsstände der Lernenden anknüpfen und diese zu neuen Lernschritten herausfordern. Bildungsangebote für Gruppen sollten stets verschiedene Aktivitäten in unterschiedlichen Schwierigkeitsgraden vorsehen. Auf diese Weise kann individuelles Lernen auch in einer Lerngruppe mit Kindern ganz unterschiedlicher Wissens- und Entwicklungsstufen stattfinden. Voraussetzung für nachhaltige Bildungsprozesse und eine lernförderliche Atmosphäre ist also, dass die pädagogischen Fachkräfte wissen, auf welcher Entwicklungsstufe jedes einzelne Kind steht.

Die Verzahnung von Portfolio und Stufenblättern ist die Basis für die »individuelle Entwicklungsplanung« im Kindergarten. Ziel dieses Vorgehens ist es, die pädagogische Planung stärker darauf auszurichten, die Lernenden unter Berücksichtigung ihrer jeweiligen Potenziale und entsprechend ihrem Lern- und Entwicklungstempo individuell zu fördern. Auf den Stufenblättern wird die Entwicklung des Kindes für jeden Bildungsbereich tabellarisch erfasst. Hier sind klar definierte Ziele vermerkt, die von den Kindern erreicht werden können. Die Stufenblätter fokussieren die Aufmerksamkeit auf bestimmte Kompetenzen: Sie stellen also eine Art »Sehhilfe« dar, weil sie auf einen Blick zeigen, was bereits bewältigt wurde und was wahrscheinlich als Nächstes ansteht. Auf diese Weise kann das Erreichen von Lernzielen ganz einfach überprüft werden. Zudem erkennen die pädagogischen Fachkräfte, worauf in den nächsten Lernphasen noch intensiver einzugehen ist. Die bereits abgearbeiteten Stufenblätter sowie das aktuelle und das jeweils nachfolgende Stufenblatt werden im Portfolio jedes Kindes abgeheftet.

4) »Stufenblätter für die Krippe«, »Stufenblätter für Kita und Kindergarten« (Bananenblau 2010)

DIE ARBEIT MIT STUFENBLÄTTERN

K = »Kann es«
Das Kind kann die Kompetenz sicher und selbstständig anwenden.

W = »Auf dem Weg«
Das Kind ist aktiv auf dem Weg, die Kompetenz selbstständig anzuwenden.

U = »Mit Unterstützung«
Das Kind kann die Kompetenz bisher mit Unterstützung anwenden.

Keine Eintragung:
Die Kompetenz ist bisher noch nicht sichtbar, das Kind zeigt noch keine Ansätze zu deren Erreichung.

Regeln für die Arbeit mit Stufenblättern

Folgende Regeln sind wichtig für die pädagogische Arbeit mit Stufenblättern:

- Die Stufen geben keinen Hinweis darauf, in welchem Alter sie zu erreichen sind: Weder Eltern noch pädagogische Fachkräfte sollen dadurch verunsichert werden, dass ein Kind den anderen in seinem Alter »stark voraus ist« oder »zurückliegt«.

- Ziel ist nicht, ein Kind auf die Entwicklungsstufe der anderen Kinder zu heben, sondern auf die jeweils individuell höhere Stufe.

- Die pädagogischen Fachkräfte achten darauf, dass alle Kinder ihre Stufenblätter abschließen.

- Ein Stufenblatt gilt als abgeschlossen, wenn der Großteil der Kompetenzen ausgebildet ist, also mit »**K**« eingeschätzt wurde, und bei höchstens einem Viertel der Kompetenzen ein »**W**« vermerkt ist.

- Eine Kompetenz gilt als erworben, wenn das Kind in der Lage ist, die entsprechende Tätigkeit spontan auszuführen, und wenn dies durch die pädagogischen Fachkräfte mehrmals beobachtet werden konnte.

- Erreichte sowie aktuell genutzte Stufenblätter werden im Portfolio abgeheftet.

- In der Spalte »Beweis« wird festgehalten, in welcher Form die entsprechende Dokumentation über den Erwerb der Kompetenz erfolgt ist (zum Beispiel Portfolio, Filmsequenz, Beobachtung im Alltag).

- Etwa ab dem vierten Lebensjahr wird das Kind in die Einschätzung, ob es eine bestimmte Kompetenz schon erreicht hat, miteinbezogen. Hierfür wird anhand einfacher Beispiele erklärt, was mit der jeweiligen Kompetenz gemeint ist. Die Beurteilung des Kindes wird nicht kritisiert, da es gerade erst lernt, seine eigenen Fähigkeiten einzuschätzen.

- Stufenblätter werden von den Pädagogen regelmäßig auf inhaltliche und chronologische Richtigkeit überprüft und gegebenenfalls angepasst.

- Die Stufenblätter haben den Vorteil, dass sie zu allen Bildungsprogrammen der Bundesländer passen.

Stufenblätter enthalten klar formulierte Kompetenzziele, die
- von den Lernenden erreicht werden können,
- dadurch in ihrem Alltag bedeutsam sind und
- individuelle Lernwege ermöglichen.

DAS PORTFOLIO-KONZEPT DIGITAL | KAPITEL 2

DIE STUFENBLATTTREPPE
FÜR DEN BEREICH »SPRACHE«

Stufe 10
...

Stufe 9
...

Stufe 8
...

Stufe 7
...

Stufe 6
Ich kann in der richtigen Reihenfolge über eine Geschichte oder Erlebtes berichten. Ich kann Reime erfinden.
Ich kenne ein Gedicht. Ich kann geheime Schrift erfinden.
Ich erkenne meinen Namen an der Buchstabenreihenfolge.
Ich kann einzelne Buchstaben zeichnen und wiedererkennen.

Stufe 5
Ich kann über mich berichten.
Ich kann vor anderen Kindern sprechen.
Ich verstehe kurze und einfache Geschichten.
Ich verstehe Piktogramme.

Stufe 4
Ich kann mit Worten Gefühle ausdrücken.
Ich sage beim Spielen, was ich gerade tue.
Ich mache Sprachquatsch.
Ich kann zuhören, wenn jemand vorliest.
Ich kann einer mehrschrittigen Aufforderung folgen. [5]

Stufe 3
Du beginnst unbewusst, den Regeln der Grammatik zu folgen.
Du teilst dich anderen Menschen mit, ohne ein Gespräch zu erwarten.
Du sprichst in Dreiwortsätzen.
Du kannst einfache Aufforderungen verstehen und ausführen.
Du beginnst, dich für Reime und kurze Gedichte zu interessieren.

Stufe 2
Du machst dich mit einfachen Wörtern verständlich.
Du sprichst Zweiwortsätze.
Du kannst bekannte Gegenstände in deiner Lautsprache benennen.

Stufe 1
Du drückst dich mit deinem Körper aus.
Du äußerst dich mit Lauten und benutzt verschiedene Vokale.
Du ahmst Worte nach.
Du verstehst den Zusammenhang zwischen gezeigten Gegenständen und gesprochenen Worten.

---

5) Ab dem Kindergarten wird die Ich-Form genutzt.

Es empfiehlt sich, gelungene Bildungsangebote, die den jeweiligen Stufenblattzielen zugeordnet sind, zu sammeln, sodass leicht auf das gemeinsame Wissen und den gesammelten Erfahrungsschatz aller Pädagogen in der Kita zugegriffen werden kann. Mithilfe dieses Archivs lassen sich einmal vorbereitete und erfolgreich durchgeführte Angebote leicht wiederholen.

Lernen ist eine längerfristige Aufgabe, die sich in mehreren Etappen vollzieht. Ein gutes Modell dazu hat Benjamin Bloom[6] erstellt. Dieses Modell wird Blooms Taxonomie genannt und beginnt mit dem Verstehen und Wiedergeben von Fakten. Sind die Fakten einmal gelernt, geht es darum, diese auf andere Lebensbereiche anzuwenden, zu analysieren und dann mit anderem Wissen zu verbinden und zu neuem Wissen zu synthetisieren. Zum Schluss wird über das Gelernte nachgedacht, und die Lernergebnisse werden evaluiert.

Bei allen Lernprozessen werden diese Schritte durchlaufen. Dazu brauchen die Kinder Zeit und die geduldige Begleitung eines Erwachsenen, der sie beim Erklimmen dieser Stufen unterstützt. Ein recht einfaches Beispiel hilft beim Verstehen dieser einzelnen Lernschritte: Ein Kindergartenkind hat erkannt, was ein Dreieck ist. Es kann beschreiben, dass es drei Ecken und drei Geraden hat (**Faktenwissen**). Das Kind erkennt, dass Hausdächer häufig einem Dreieck ähneln (**Verstehen**). Es beginnt, Häuser mit solchen Dächern zu bauen und zu zeichnen (**Anwenden**). Das Kind erkennt, dass ein Quadrat aus zwei Dreiecken besteht (**Analyse**). Es kann Dreiecke zu neuen Formen zusammensetzen (**Synthese**). Am Ende wird es für sich selbst beurteilen, wie gut es sich mit Dreiecken konstruieren lässt und welche der gelernten Methoden es weiter anwenden wird (**Evaluation**).

TAXONOMIE NACH BLOOM IN SECHS STUFEN

6 **Evaluation:** Entscheiden / Beurteilen / Auswählen

5 **Synthese:** Vorschlagen / Generalisieren / Organisieren / Schlussfolgern

4 **Analyse:** vorhandenes Wissen erklären und Ganzes in Einzelteile zerlegen / Identifizieren / Klassifizieren / Vergleichen

3 **Anwendung:** Wissen anwenden / Einsetzen / Demonstrieren / Messen

2 **Verstehen:** Charakterisieren / Beweisen / Erklären / Interpretieren

1 **Faktenwissen:** Wiedererkennen / Definieren / Wiedergeben / Präsentieren

AUS DER PRAXIS

Über die Stufenblätter fanden wir ein Buch in einem schwedischen Verlag. Wir besuchten die Autorin: Agneta Zetterström. Sie erklärte uns ihre Methode und erzählte, wie sie auf die Idee gekommen war: Als Mathematiklehrerin erlebte sie es leider viel zu häufig, dass die Schülerinnen, die ihren Abschluss in Mathematik nicht bestanden, fachliche Lücken aufwiesen, die bereits viel früher in ihrer Schullaufbahn entstanden sein mussten.

Da diese Schüler grundlegende Regeln nicht verstanden hatten, konnten sie komplexere Aufgaben nicht mehr lösen, und der über mehrere Jahre aufgebaute Rückstand konnte nicht mehr aufgearbeitet werden. Agneta Zetterström schrieb daraufhin auf, welche Kompetenzen ein Schüler am Ende der Schulzeit brauchte, um den Abschluss in Mathematik zu erreichen. All diese Kompetenzen

---

[6] Vgl: Bloom, Benjamin (Hrsg.): Taxonomie von Lernzielen im kognitiven Bereich, Weinheim 1973.

beruhten auf anderen Kompetenzen, die ein Schüler bereits vorher erreicht haben musste, um die jeweils höhere Stufe meistern zu können.

Das Prinzip funktioniert so: Um mit Zahlen von eins bis eine Million rechnen zu können, muss man vorher bereits verstanden haben, wie von eins bis tausend, eins bis hundert und eins bis zehn gerechnet wird. Durch die konkrete und detaillierte Auflistung der zu erreichenden Kompetenzen in den einzelnen Stufen – von den einfachen mathematischen Grundlagen im Kindergarten bis hin zu den Kompetenzen, die für den Schulabschluss notwendig sind – war es den Lehrern genau möglich, festzustellen, auf welcher Stufe sich die Kindergartenkinder und später die einzelnen Schüler befanden und welche Herausforderungen sie brauchten, um die nächste Stufe zu erreichen.

Zur gleichen Zeit wurde in Schweden die Vorgabe eingeführt, dass für jedes Kind ein individueller Entwicklungsplan aufzustellen sei. Die Schulen und Kindergärten machten sich an diese Aufgabe, hatten aber große Schwierigkeiten, aus den Zielen im Curriculum konkrete Angebote für die Kinder abzuleiten. Es fehlte eine feingliedrige Aufschlüsselung der einzelnen Bildungsbereiche. Die Stufenblätter, die das Lernen der Kinder in einer Tabelle mit aufsteigenden Fähigkeiten darstellen, folgen dem Bild einer Treppe, die für die zunehmende Akkumulation von Wissen und Fähigkeiten steht. Mithilfe der Stufenblätter können die Pädagogen passende Lernziele planen und Lernergebnisse dokumentieren. Es gibt stets zwei Seiten: eine Kompetenztabelle, die für das Kind ausgefüllt werden kann, und ein Kriterienblatt, welches dem Pädagogen hilft, die aufgeführten Kompetenzen genau zu verstehen.

DAS PORTFOLIO-KONZEPT DIGITAL | KAPITEL 2

Beispiele für Stufen- und Kriterienblätter

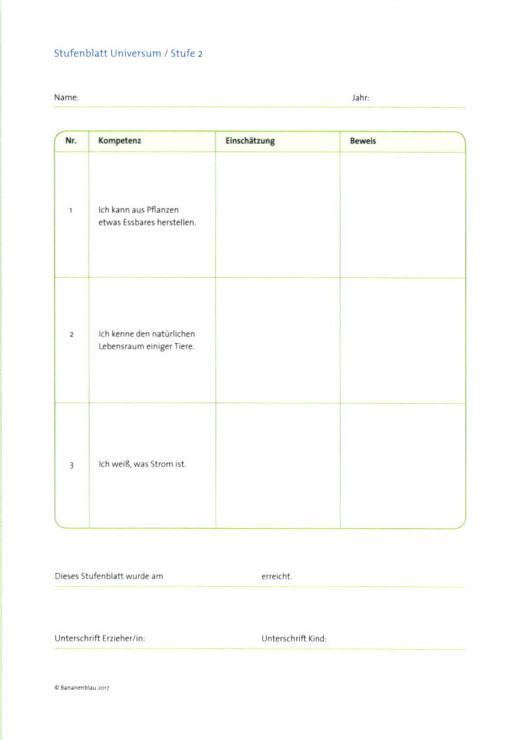
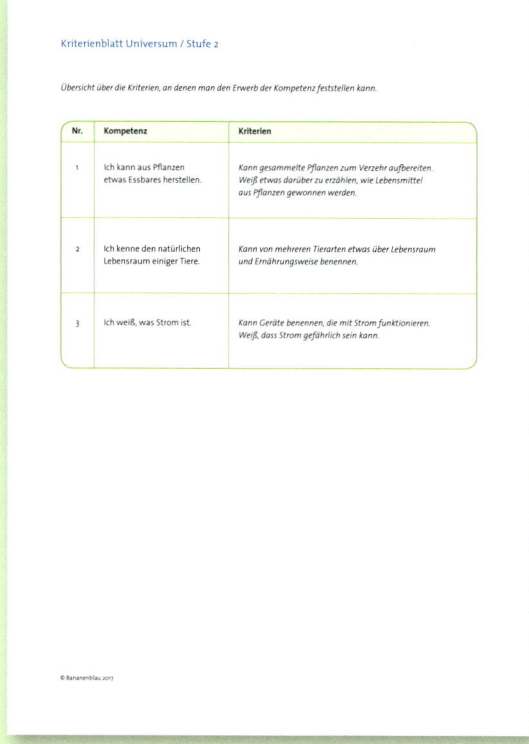
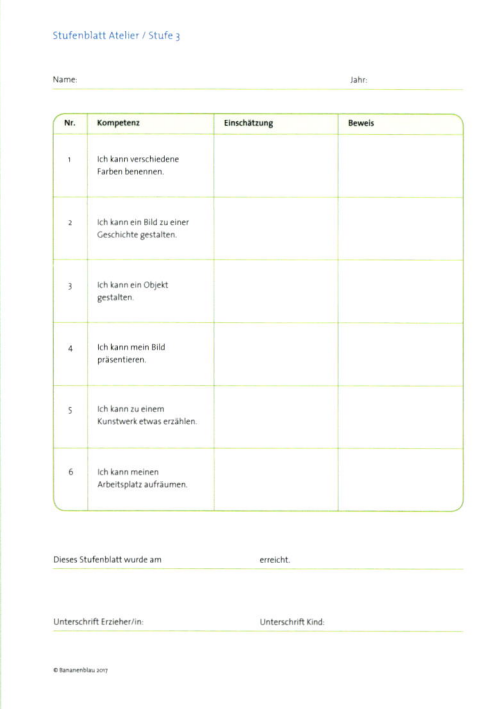
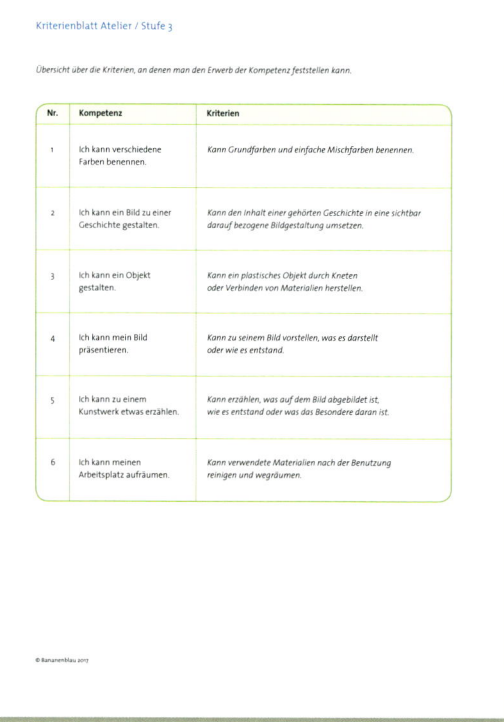

DAS PORTFOLIO-KONZEPT DIGITAL | KAPITEL 2

Tröster

Spiele

Ordnungs-
bilder

Dokumenta-
tionsposter

KAPITEL 3: DER LOTUSPLAN

Dreh- und Angelpunkt für das pädagogische Handeln ist die vorausschauende Planung von Bildungsangeboten und Lernsituationen mithilfe des Lotusplans. Mit dem Lotusplan fällt es leicht, das Thema und die Beteiligung der einzelnen Bildungsbereiche für alle anschaulich festzuhalten. Zudem bietet der Lotusplan eine gute Orientierung darüber, wie sich das einzelne Bildungsangebot zum Monatsthema, dem Kern der Lotusplanung, verhält und zu welchem Bildungsbereich es gehört.

Eine visualisierte Planung fördert das Verstehen von Zusammenhängen und hilft den Pädagogen, Kindern und Eltern, sich mit einem übergeordneten Thema und seinen verschiedenen Aspekten intensiv zu beschäftigen. Ziel der Darstellung ist es auch, dem gesamten Team eine nachvollziehbare Übersicht über die inhaltliche Verortung des behandelten Themas zu geben, damit alle Beteiligten ihre Angebote und die Gestaltung des Alltags in den Gruppen bestmöglich vorbereiten können. Die Erfahrung zeigt, dass sowohl die pädagogischen Fachkräfte als auch die Lernenden selbst es zu schätzen wissen, dass sie mit dem Lotusplan eine einfache und effektive Möglichkeit haben, die Bildungsangebote und Lerninhalte miteinander in Beziehung zu setzen.

Wir sind davon überzeugt, dass die einzelnen Bildungsbereiche nicht voneinander losgelöst betrachtet werden können. Dabei besteht kein Zweifel daran, dass Bildungsbereiche eine hilfreiche Gliederung des gesamten Lernspektrums im Kindergarten darstellen und die pädagogischen Fachkräfte bei der zielgerichteten Planung und Reflexion der pädagogischen Arbeit unterstützen. Sie helfen dabei, stets die wichtigsten Aspekte ebenso wie die Bandbreite der pädagogischen Handlungsmöglichkeiten zu fokussieren. Eine entscheidende Voraussetzung für erfolgreiche Bildungsarbeit ist es aber, die »Durchlässigkeit«, also enge Verzahnung und wechselseitige Ergänzung der Bildungsbereiche, zu ermöglichen.

Regeln für die Lotusplanung

Die pädagogische Planung mit dem Lotusplan gelingt, wenn folgende Punkte berücksichtigt werden:

⋯⋙ Bei der Planung gehen die Pädagoginnen vom aktuellen Stand des Kinder aus und planen daran die nächste Herausforderung.

⋯⋙ Der Lotusplan wird von den pädagogischen Fachkräften gemeinsam bei der monatlichen Planungssitzung (MPS) ausgefüllt und im Sinne einer »rollenden Planung« im Laufe des Monats ergänzt.

⋯⋙ Die pädagogischen Fachkräfte legen mit dem Lotusplan dar, welche Kompetenzen sie im kommenden Monat fördern möchten und mit welchen Aktionen sie dieses Ziel verfolgen. Die jeweilige Verantwortlichkeit sollte zusätzlich in einem Protokoll festgelegt werden: »Wer macht was bis wann?«

⋯⋙ Die einzelnen Bildungsangebote müssen als sinnvolle Teile eines Monatsthemas konzipiert und untereinander abgestimmt sein, um das vernetzte Lernen zu unterstützen.

Sechs Leitfragen für eine erfolgreiche Planung:

1. Wo stehen die Kinder aktuell?
2. Welche Schritte werden sie als Nächstes unternehmen?
3. Welche Herausforderungen und Materialien brauchen sie dafür?
4. Was sollen sie lernen?
5. Warum sollen sie es lernen?
6. Welche Möglichkeiten gibt es für bildungsbereichsübergreifende Angebote?

DAS PORTFOLIO-KONZEPT DIGITAL | KAPITEL 4

KAPITEL 4: DER KREISLAUF DES LERNENS

In diesem Kapitel erläutern wir, wie das Lernen im Kindergarten Schleifen zieht, indem sich immer und immer wieder die gleichen Abläufe wiederholen. Mithilfe der Instrumente Portfolio, Stufenblatt und Lotusplan ist es leicht, in diesen Routinen erfolgreich und zugleich zeitsparend zu arbeiten.

DER KREISLAUF DES LERNENS

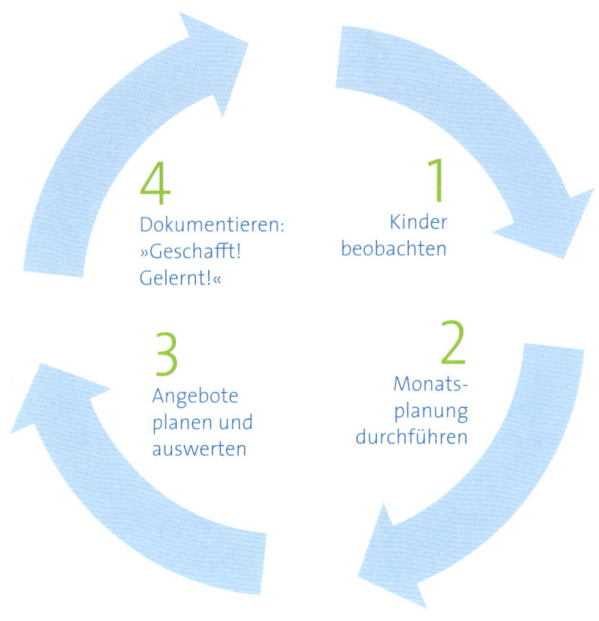

1. Kinder beobachten
2. Monatsplanung durchführen
3. Angebote planen und auswerten
4. Dokumentieren: »Geschafft! Gelernt!«

Manchmal fragen sich Pädagogen, was sie noch alles tun sollen – jeden Tag ein Angebot durchführen, Portfolios aktuell halten, an Teammeetings teilnehmen und Elterngespräche führen. Im Kindergarten gibt es allerhand zu tun, und vieles wiederholt sich Monat für Monat. In dieser regelmäßigen Wiederholung liegt eine große Chance: Hieraus lässt sich eine Struktur ableiten, die Arbeitserleichterungen schaffen kann.

1. Kinder beobachten

Die Erzieherin beobachtet ihre Kinder kontinuierlich und dokumentiert das Gesehene in einem Notizbuch oder auf Post-it-Zetteln. Beobachten mit Post-it-Zetteln ist sehr einfach: Die Beobachtung wird auf einem Zettel notiert und dieser an die Wand geklebt. Die anderen Erzieher in der Gruppe können die Beobachtung lesen und eigene Notizen hinzufügen. Vor einem Planungsmeeting oder zur Vorbereitung eines Elterngespräches werden die Zettel nach Kindern sortiert. So entsteht von jedem Kind ein kleines Monatsbuch, welches alle beobachteten Entwicklungen des Kindes im letzten Monat aufzeigt – zusammen mit dem Portfolio ein unverzichtbares Instrument, um eine Planungssitzung gut vorzubereiten.

2. Monatsplanung durchführen

Mit den Post-its, dem Portfolio und den Stufenblättern geht es in die Monatsplanungssitzung. Ziel dieser Sitzung ist es, für alle Kinder die richtigen

33

Herausforderungen zu planen und im kommenden Monat umzusetzen. Es muss außerdem ein Thema gefunden werden, welches alle Angebote zusammenfasst. Ist dies geschehen, bereitet jede Erzieherin ihre Angebote vor. In den Klax-Kindergärten gibt es zum Beispiel die Regel, dass jedes Kind einmal wöchentlich in jedem Bildungsbereich ein Angebot erhält. Das bedeutet für die Erzieherin, dass sie pro Monat ein Angebot vorbereitet und mit unterschiedlichen Gruppen in altersentsprechenden Variationen durchführen muss. Jedes Angebot dauert ungefähr eine Stunde.

Es ist wichtig, im Vorfeld festzuhalten, was die Kinder am Ende der Angebotsstunde und zum Abschluss des Monatsthemas gelernt haben sollen. So kann die Fachpädagogin sehr leicht nachprüfen, ob ihr Ziel erreicht wurde.

Fachpädagoge

Fachpädagogen haben sich in einer speziellen Zusatzausbildung in einem Bildungsbereich qualifiziert. Im Kindergarten führen sie eine Gruppe und sind gleichzeitig für die Lernangebote aller Kinder des Kindergartens im jeweiligen Bildungsbereich zuständig. In der gruppenoffenen Arbeit lässt sich dies gut realisieren. Die Kinder gehen täglich nach dem Morgenkreis zu einem Angebot in den jeweiligen Funktionsraum, in dem die Fachpädagogin bereits wartet. Wer wann welches Angebot hat, wird mithilfe eines Wochenangebotsplans, der für alle sichtbar aushängt, organisiert.

3. Angebote planen und auswerten

Wie wir anhand von Blooms Taxonomie verdeutlicht haben, ist Lernen kein Vorgang, der sich in einer Stunde abhandeln oder erledigen lässt. Man lernt, indem man sich Wissen aneignet, dieses Wissen wiedergeben, in anderen Zusammenhängen anwenden und schließlich neue Ideen und Fragestellungen daraus ableiten kann. Deshalb ist es notwendig, dass Pädagogen ihre Angebote über einen längeren Zeitraum aufeinander aufbauend planen. Da im Kindergarten im Monatsrhythmus geplant wird, bietet es sich an, in den vier Wochen des Monats je eine Angebotsstunde zu der zum Gesamtthema geplanten Aktivität durchzuführen. »Jede Woche pro Bildungsbereich ein Lernschritt«, lautet das Motto.

AUS DER PRAXIS

Wird zum Beispiel im Atelier der Apfel behandelt, da es im Lotusplan aufgrund der Jahreszeit um das Thema Herbst geht und bei den Kindern aktuell das Stufenblatt »Atelier / Stufe 3« bearbeitet wird, geht die Atelierpädagogin wie folgt vor:

In der ersten Woche schauen sich die Kinder den Apfel genau an und versuchen, ihn zu zeichnen. Dabei zeichnen sie den Apfel einmal ganz und einmal das Schnittbild der Apfelhälfte.

In der zweiten Woche wird ein Künstler vorgestellt, der viele Äpfel gemalt hat, zum Beispiel Cézanne. Die Kinder sehen einen Film über den Künstler, betrachten Reproduktionen seiner Werke und lernen, mit welchen Farben und aus welchem Grund der Künstler die Äpfel gemalt hat.

In der dritten Woche wird eines der Cézanne-Werke genauer untersucht, und die Kinder fertigen nach diesem Vorbild ein eigenes Bild an.

In der vierten Woche sind die Äpfel, die am Monatsanfang betrachtet und aufgeschnitten wurden, total verschrumpelt. Die Kinder versuchen, diese Äpfel erneut zu zeichnen, und färben ihre Kohlezeichnungen zum Schluss mit brauner Kreide ein. Im Abschlussgespräch werden alle Bilder nebeneinander aufgehängt, betrachtet und diskutiert.

4. Dokumentieren

Jedes Bild wird fotografiert und ins Portfolio geheftet bzw. hochgeladen. Dabei wird ein »Geschafft! Gelernt!«-Blatt ausgefüllt, auf dem die Erzieherin gemeinsam mit dem Kind vermerkt, was gelernt wurde und wie das Kind diesen Lernerfolg erzielt hat.

Der Lernerfolg wird auf dem Stufenblatt notiert. Natürlich wurden die Eltern von der Erzieherin bereits im Rahmen der Tages- und Wochenrückblicke über das Geschehen im Atelier informiert. Was ihr Kind allerdings gelernt hat und wie die Erzieherin das in die individuelle Entwicklung einordnet, erfahren die Eltern später aus dem Portfolio.

Dieser Ablauf wiederholt sich Monat für Monat, und die Themen auf dem Lotusplan ähneln sich Jahr für Jahr: Das Thema Herbst kommt jedes Jahr vor, ebenso wie das Thema Weihnachten. Diese Routine kann eine Arbeitserleichterung mit sich bringen, indem die Fachpädagogin ihre Angebote einmal gründlich vorbereitet, die Durchführung und Nachbereitung sorgfältig plant und die Ergebnisse in einer Gesamtdokumentation des Angebotes detailliert festhält.

Diese Dokumentation wird in einem Angebotshefter abgelegt; in diesem Hefter werden über das Jahr die Angebote gesammelt. Diese Sammlung kann von der Fachpädagogin im Folgejahr wieder benutzt werden. So wird Vorbereitungszeit gespart, und im Falle einer Erkrankung der Facherzieherin kann das geplante Angebot ganz leicht von einer Vertretung übernommen werden.

Das gehört in den Angebotsordner:

1. Vorbereitung: Materialliste, benötigte Technik, Kontaktliste eventueller Partner, die bei Ausflügen besucht werden. Planung der Raum- und Materialvorbereitung mit Raumskizze.

2. Durchführung: Notizen zur Einführung in das Thema, zur geplanten Durchführung des Angebotes und zum Abschluss der Stunde. Aufgliederung in die Wochenstunden (vier Wochen lang jeweils eine Wochenstunde): Was soll dort gemacht werden? Was wird benötigt? Und wie wird vorbereitet?

3. Nachbereitung: Notizen zur Abschlussreflexion, zum Anleiten des Aufräumens und zu den gewünschten Ergebnissen.

Regeln für den Gebrauch des Angebotsordners:

Der Angebotsordner
- wird für jeden Bildungsbereich von der entsprechenden Facherzieherin geführt,
- bleibt in der Kita, auch wenn das Personal mal wechselt, und
- wird jeden Monat um ein Angebot erweitert (Planung, Ablaufbeschreibung und Ergebnisse).

KAPITEL 5: WARUM DIE PORTFOLIOMETHODE SINNVOLL IST

In diesem Kapitel fassen wir noch einmal zusammen, welche Erfahrungen wir in zehn Jahren Portfolioarbeit gemacht haben. Aufgrund dieser Erfahrungen können wir nur bekräftigen, wie sinnvoll die Arbeit mit dem Portfolio ist.

Im Jahr 2005 haben wir die Portfolioarbeit in den Klax Einrichtungen eingeführt. Der Einführungsprozess verlief erfolgreich, da die Pädagogen den Sinn und die Arbeitserleichterungen, die mit dem Portfolio verbunden sind, erkannten und sich mit hoher Motivation daran machten, die Portfolio-Idee in die Tat umzusetzen. Dabei blieben anfangs natürlich auch einige Schwierigkeiten und Missverständnisse nicht aus.

Auch bei Klax brauchten wir mehrere Jahre, um uns rund ums Portfolio einzuspielen. In den ersten Jahren überlagerte die Frage nach dem »Wie viel« jegliche inhaltliche Diskussion. Es gab sogar Kitas, in denen die Anzahl der Seiten im Portfolio durch die Kitaleitungen kontrolliert wurden, weil sie dachten, dass sie immer eine bestimmte Anzahl an Seiten erreichen müssen. Dafür gab es eigens ein Formular, welches zwar heute noch benutzt wird, aber längst nicht mehr die zentrale Bedeutung hat. Die Leiterinnen haben inzwischen die qualitativen Merkmale des Portfolios herausgearbeitet und damit für sich und die Mitarbeiter Standards geschaffen, die es allen Beteiligten erleichtern, zu kontrollieren, ob ein Portfolio gut geführt wird oder nicht.

Daran erkennen wir ein gutes Portfolio:

- Die Inhalte sind zeitlich chronologisch und ohne große Lücken abgelegt.
- Das Lernen des Kindes in den einzelnen Bildungsbereichen ist durch die Dokumentation nachvollziehbar.
- Das Portfolio wird in Elterngesprächen und zu Planungszwecken benutzt, weil sein Inhalt hierbei hilfreich ist.

Dass es im Portfolio nicht um die Menge der abgelegten Dokumente, sondern um den Inhalt geht, wurde mit der Zeit immer klarer. Zum Beispiel fiel bei einer Qualitätsprüfung durch einen pädagogischen Koordinator auf, dass alle Kinder eines Kindergartens am selben Tag gelernt hatten, ihre Schuhe zu binden. Die Erzieher hatten in dem Bestreben, die Portfolios alle vollständig und mit der richtigen Anzahl an Dokumenten zur Qualitätsprüfung vorzulegen, das »Geschafft! Gelernt!«-Blatt zum Schuhe-Binden für alle Kinder an einem Tag erstellt.

Wir haben über diesen Effekt herzlich gelacht und lange nachgedacht. Dabei sind einige wichtige Fragen aufgekommen, die wir inzwischen beantworten können:

Wie viele Seiten müssen ins Portfolio?
Wir haben uns darauf geeinigt, dass die Ich-Seiten einmal im Halbjahr erneuert werden und die Pädagogen hier die Eltern miteinbeziehen können. In

jedem Monat sollte es pro Bildungsbereich mindestens ein »Geschafft! Gelernt!«-Blatt geben.

Werden die Portfolios einmal im Halbjahr an einem Schließtag befüllt?
Am Anfang haben wir es mit dieser Regel versucht. Das funktionierte jedoch nicht, da niemand die Lernbeweise eines jeden Kindes ein halbes Jahr lang aufheben kann. Außerdem macht das Zusammensuchen der Lernbeweise viel zu viel Arbeit und kostet Zeit. Und so werden die Portfolios heute in den wöchentlichen Aufräumzeiten am Freitag kontrolliert und vervollständigt. Ergebnisse aus den Angeboten sollen möglichst am Ende eines Angebotszyklus, also zum Monatsende, im Portfolio sein. Viele Erzieher nutzen die Angebote, um die Portfolioseiten sofort mit den Kindern gemeinsam zu erstellen.

Können wir eine Portfoliostunde in die Aufräumzeit am Freitag integrieren?
Jeder Freitag steht unter dem Motto »Aufräumen«; die Kinder sagen einfach nur »Aufräumtag« dazu. Schon im Morgenkreis wird überlegt, ob alles für die folgende Woche vorbereitet ist, welches Material beschafft werden muss und ob jedes Spielzeug nach der langen Woche wieder an seinem Platz steht. Am Nachmittag nach der Vesper wird dann gemeinsam mit den Kindern alles geputzt, die Blumen werden gegossen, und vielleicht wird noch ein Reparaturauftrag an den Hausmeister geschrieben. Es ist genügend Zeit vorhanden, um einen Blick ins Portfolio zu werfen und zu ergänzen, was fehlt. Natürlich ist es auch eine schöne Gelegenheit für die Kinder, am Ende der Woche zusammenzusitzen und sich gegenseitig die Seiten im Portfolio zu zeigen, sich darüber zu wundern, wie klein man einmal war, und staunend zur Kenntnis zu nehmen, welche Lernerfahrungen in den letzten Monaten und Jahren gemacht wurden.

Wie viele Portfolios gibt es eigentlich für jedes Kind in seiner gesamten Kindergartenzeit?
Am Anfang hatte jedes Kind ein Portfolio, welches im Laufe der Kitazeit immer dicker wurde und in den letzten Jahren aus allen Nähten zu platzen drohte. Das war gar nicht schön, denn so begannen sich die Seiten aus der Heftung zu lösen und gerieten dabei durcheinander.

Heute ist es so geregelt, dass jedes Kind die Inhalte seines Portfolios am Ende des Kindergartenjahres mit nach Hause nimmt und für das neue Jahr ein neuer Ordner angelegt wird.

Ist es nicht zu teuer, den Eltern immer die Aktenordner mitzugeben?
Diese Frage wurde schnell bejaht. Heute geben wir den Eltern nicht mehr den vollen Ordner, sondern nur noch die mit einem Aktendulli ordentlich zusammengefassten Portfolioseiten mit. Nur beim ersten Mal wird der Aktenordner mitgegeben, damit die Eltern im Laufe der Kindergartenzeit ihrer Sprösslinge auch zu Hause einen Ordner haben, in den sie die Portfolioseiten einheften können.

Wird das gesamte Portfolio mit in die Schule gegeben?
Am Anfang war dies im Land Berlin nicht geregelt. So blieb es den Eltern überlassen, ob sie der Lehrerin

in der ersten Klasse das Portfolio übergeben wollten oder nicht. Heute gibt es eine genaue gesetzliche Regelung darüber, welche Seiten aus dem Portfolio an die Schule weitervermittelt werden. Im Anhang finden Sie ein Beispiel für ein Übergabedokument, so wie es die Klax Kitas im Land Berlin nutzen.

> **Was bleibt im Portfolio, was geht nach Hause?**
>
> Im Portfolio bleiben die Ich-Seiten, die Elterngesprächsprotokolle und die Einteilungsblätter der Rubriken und Bildungsbereiche. Nach Hause gehen die »Geschafft! Gelernt!«-Blätter mit den dazugehörigen Stufenblättern.

Ein erfolgreicher Kindergarten dank Portfoliomethode

Inzwischen sind Klax-Erzieherinnen aufgrund ihrer zehnjährigen Erfahrung Expertinnen, was die Portfolioarbeit angeht. Und Erfahrung zählt, denn wir wissen, wovon wir sprechen.

- Wir sind stolz darauf, dass unsere Portfolios echte Entwicklungsdokumentationen sind. Ein einfaches Gratulationsportfolio oder eine Sammelmappe könnten wir in unseren Planungsprozessen gar nicht einsetzen.

- Mithilfe des Portfolios verbinden wir alle Elemente der Dokumentationsarbeit zu einem einheitlichen Vorgehen.

- Wir wollen nichts doppelt machen, deshalb nutzen wir die »Geschafft! Gelernt!«-Blätter auch für den Wochen- und Monatsrückblick der Kindergruppe. Wir behalten den Überblick. Von der Planung bis zum Lernerfolg hilft uns das Portfolio dabei, die Kinder gut und sinnvoll zu begleiten.

- Die Eltern werden bestens informiert, und mithilfe der digitalen Portfolioarbeit geht das sogar noch einfacher: Mit ein paar Klicks sind die Eltern über ihr Kind und all das, was es im Kindergarten lernt, im Bilde.

- Die Kinder werden in die Portfolioarbeit einbezogen.

- Wir machen die Lernerfolge und Bildungsziele sichtbar.

- Wir überprüfen regelmäßig, ob unsere Portfolioeinträge aussagekräftig und präzise die Lerngeschichte eines Kindes dokumentieren.

Das digitale Portfolio macht Portfolioarbeit einfacher

AUS DER PRAXIS

Im Kindergarten »Haselmäuse« irgendwo in Deutschland sind längst alle Kinder abgeholt. Nur die beiden Erzieherinnen Susanne und Marie sitzen noch im Büro. Sie sind froh, dass niemand anderes mehr da ist. Denn endlich haben die beiden den einzigen Computer, den es im Kindergarten gibt, für sich allein. Beide haben ihre Digitalkamera mitgebracht und wechseln sich nun damit ab, all die Fotos, die in der letzten Woche gemacht wurden, abzuspeichern. Dann endlich kann gedruckt werden.

Mit den ausgedruckten Fotos in der Hand geht Susanne in ihren Gruppenraum und macht es sich dort gemütlich. Sie hat die Portfoliomappen der Kinder aus dem Regal geholt. Schere, Kleber und Plastikfolien liegen bereit. Sie schneidet Fotos aus, klebt diese auf die vorbereiteten »Geschafft! Gelernt!«-Blätter, schreibt kleine Texte dazu, schiebt die fertigen Blätter in Plastikfolien und heftet diese in den Portfoliomappen ab. Dabei achtet sie darauf, dass die fertigen »Geschafft! Gelernt!«-Blätter dem richtigen Bildungsbereich im Portfolio zugeordnet werden.

Susanne ist für 15 Kinder verantwortlich, von denen jedes einzelne in der letzten Woche viel gelernt hat. Es wurde ein Ausflug zu einem Bauernhof in der Umgebung unternommen, und darüber gibt es nun viel zu berichten. Es dauert also, bis die Lernereignisse eines jeden Kindes aufgezeichnet und ordentlich abgelegt sind.

Nach zwei Stunden geht Susanne in die Küche, um einen Tee zu trinken. Dort trifft sie auf Marie, die auch gerade Pause macht. »Es ist doch eine Schande, dass wir hier so spät am Abend noch sitzen und arbeiten müssen«, beklagt sich Marie.

»Im Tagesablauf schaffe ich die Dokumentationsarbeit aber einfach nicht«, erwidert Susanne.

Während die beiden ihren Tee trinken und sich dann wieder an die Arbeit machen, malen sie sich aus, dass es endlich etwas gibt, womit ihnen die Dokumentationsarbeit erleichtert werden kann.

Die Weiterentwicklung des Portfolios in den letzten zehn Jahren

Die Portfolioarbeit im Kindergarten hat sich bewährt. Durch die Digitalisierung verändert sich die Methode bereits seit einigen Jahren und entwickelt sich stetig weiter. Ganz am Anfang wurde mit Fotoapparaten fotografiert, in denen ein Film lag, der dann in der örtlichen Drogerie abgegeben wurde. Einige Tage später konnten die Fotos abgeholt werden. Was auf den Fotos zu sehen war, wurde erst beim Abholen deutlich. Dann kamen die Digitalkameras. Die in ihnen versteckte Datenkarte wurde ebenfalls zur Drogerie getragen, und die Fotos konnten einige Tage später abgeholt werden. Jetzt konnte man zumindest im Vorfeld prüfen, was auf der Karte war und welche Fotos man überhaupt zum Entwickeln geben wollte. Später konnten die Fotos von der Digitalkamera direkt am Drucker des Kindergartens ausgedruckt werden. Trotzdem wurde noch munter ausgeschnitten und aufgeklebt. Vor ungefähr zwei Jahren entdeckten die Kindergärten dann die Tablets für sich. Mithilfe geeigneter Apps können Fotos zu Dokumentationen zusammengestellt werden, die dann ausgedruckt und in Portfolios geheftet oder ausgehängt werden. Das dürfte der aktuelle Entwicklungsstand der Portfolioarbeit in deutschen Kindergärten sein. Die Entwicklung geht aber schon weiter. Dabei werden vor allem die Schwachstellen der Portfolioarbeit angepackt und gelöst. Dies bietet für den Kindergarten viele Chancen und wird vielleicht auch diejenigen Einrichtungen ermutigen, mit der Portfoliomethode zu arbeiten, die das bisher noch nicht tun. Im Folgenden zählen wir die unserer Meinung nach wichtigsten Problempunkte auf, die durch ein durchgängig digital geführtes Portfolio deutlich verbessert werden können.

Diese Verbesserungen stecken im digitalen Portfolio

⋯⋮ Der Zeitaufwand ist oft zu hoch. Wer kennt das nicht? Ein Elterngespräch steht an, die Zeit zur Vorbereitung war wie immer viel zu knapp. Hastig sucht die Erzieherin noch die wichtigsten Dokumente zusammen. Der Portfolioordner des Kindes ist dick gefüllt, und es macht einige Mühe, die wichtigsten Lernerfolge der vergangenen Monate, über die heute mit den Eltern gesprochen werden soll, herauszusuchen. Das hilft: Portfolios schlank halten, indem in jedem Bildungsbereich nur ein Lernbeweis pro Monat abgeheftet wird. Das Portfolio am Ende eines jeden Kitajahres mit nach Hause geben. Neue Lernbeweise gleich mit einem Klebezettel für das Elterngespräch markieren, damit sie später im Gespräch leichter gefunden werden können.

Im digitalen Portfolio ...
... werden mithilfe der Suchfunktion die Dokumente leicht gefunden. Außerdem erfahren die Eltern täglich, was das Kind im Kindergarten gelernt hat, da sie direkten Zugriff auf sein Portfolio haben.

⋯⋗ Die Eltern wollen gern intensiv an der Dokumentation der Entwicklungsschritte ihres Kindes beteiligt werden. Sie wollen über die pädagogischen Ziele ebenso wie über das Alltagsgeschehen im Kindergarten informiert werden. Dass Eltern »Ich-Seiten« selbst anfertigen und ins Portfolio legen, ist eine willkommene Hilfe für die Pädagogen. Doch häufig werden die Papierbögen dann zu Hause vergessen oder liegen im Büro der Leiterin herum, da keiner wirklich Zeit hat, die von den Eltern mitgebrachte »Ich-Seite« sofort an der richtigen Stelle und im Portfolio des richtigen Kindes abzuheften.

Im digitalen Portfolio ...
... können Eltern über ihren eigenen Zugang »Ich-Seiten« ebenso wie Lernerfolge, die sie bei ihrem Kind zu Hause beobachtet haben, im Portfolio ablegen. Eltern und Kinder können insgesamt viel einfacher an der Portfolioarbeit beteiligt werden.

⋯⋗ Leider passt nicht alles ins Portfolio. Die aufwendig gebastelten Kunstwerke der Kinder, der Film vom letzten Ausflug oder die Tonaufnahme des neuen Gedichts, welches die Kinder aufgesagt haben, müssen anderweitig aufbewahrt werden. Am Ende sind solche Dinge häufig verloren, da sie nicht in das Portfolio einsortiert wurden.

Im digitalen Portfolio ...
... kann die kindliche Entwicklung viel leichter und mit allen Aspekten aufgezeichnet werden, zum Beispiel mit aussagekräftigen Videos, welche die Beobachtungen der Pädagogen und die Lernschritte der Kinder für die Eltern anschaulich und nachvollziehbar belegen können. Die Sprachentwicklung wird ebenfalls durch Filme verdeutlicht. Die Kunstwerke der Kinder können in Fotos oder Fotoserien abgebildet werden.

⋯⋗ Das Portfolio ist kein Sammelsurium wahllos zusammengestückelter Dokumente und Bilder oder Fotos. Das ist auch gut so, bedeutet aber gleichzeitig viel Arbeit und Aufwand. Jedes Dokument und jedes Foto muss an der richtigen Stelle und in der richtigen zeitlichen Reihenfolge einsortiert werden.

Im digitalen Portfolio ...
... werden die Vorteile von Computern genutzt. Computer sind zwar dumm, eignen sich aber hervorragend für Sortieraufgaben. Einmal richtig markiert, sortiert das digitale Portfolio jedes Dokument in der zeitlich richtigen Reihenfolge und beim richtigen Kind in den richtigen Bildungsbereich ein.

⋯⋗ Es ist gut, Kinder an der Erstellung ihrer Portfolios zu beteiligen. Diese Form der kindlichen Mitwirkung an der eigenen Entwicklungsdokumentation wird auch in den deutschen Bildungsprogrammen für den Kindergarten gefordert. Die Beteiligung der Kinder hat darüber hinaus viele weitere Vorteile:

Zum Beispiel können Kinder durch die Beteiligung an der Portfolioarbeit bereits früh den angemessenen Umgang mit Fotos und Texten lernen. Dies wird in einer zunehmend stärker digitalisierten Gesellschaft in Zukunft immer wichtiger werden. Allerdings lässt sich die Beteiligung der Kinder an ihrer eigenen Entwicklungsdokumentation häufig nur schwer in den Tagesablauf eines Kindergartens integrieren. Zum Beispiel verfügen viele Kinder noch nicht über die notwendige Fingerfertigkeit zum Ausschneiden und sauberen Einkleben. Und so sind es dann doch eher die Erzieher, die nach Feierabend noch in der Kita sitzen und die Portfolios der Kinder vervollständigen.

Im digitalen Portfolio ...

... gibt es sehr einfache Funktionen zum Hochladen von Fotos und Textbausteinen. Die Portfolioarbeit kann quasi in Echtzeit erfolgen, ob beim Ausflug oder während eines Angebots. Die Lernergebnisse können von den Kindern selbst eingestellt werden.

⋯⋮ Portfolios sind teuer, braucht doch jedes Kind einen Aktenordner in guter Qualität, damit der Außeneinband und die Heftvorrichtung lange halten. Jede Portfolioseite muss in einer Plastikhülle verstaut und dann eingeheftet werden. Verzichtet man darauf, reißen die Papierseiten an den Lochstellen sehr schnell aus. Für Portfolios muss viel gedruckt, geklebt und ausgeschnitten werden. Dies ist mit einem hohen Verbrauch an Druckpapier, Druckpatronen und Kleber und damit wiederum mit hohen Kosten für Büromaterialien verbunden.

Im digitalen Portfolio ...

... wird dieses teure Material nicht mehr benötigt. Mit der Digitalisierung der Entwicklungsdokumentation der Kinder werden die Ausgaben für Büromaterial erheblich reduziert, und zudem wird die Umwelt geschont, da weder Papier noch Druckertinte zum Einsatz kommen. Natürlich gibt es auch das digitale Portfolio nicht ganz kostenlos. Im Vergleich zu den Ausgaben für Papierportfolios sind die Kosten für das digitale Portfolio jedoch sehr gering.

»Ich-Seiten«

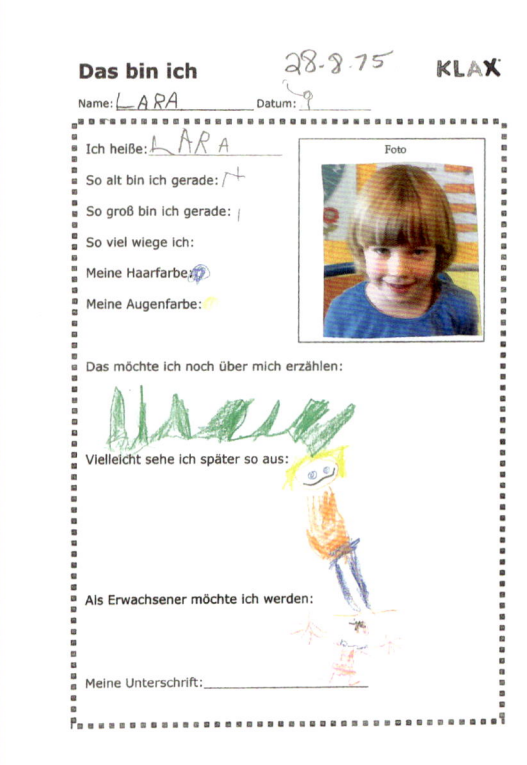

»Geschafft! Gelernt!«

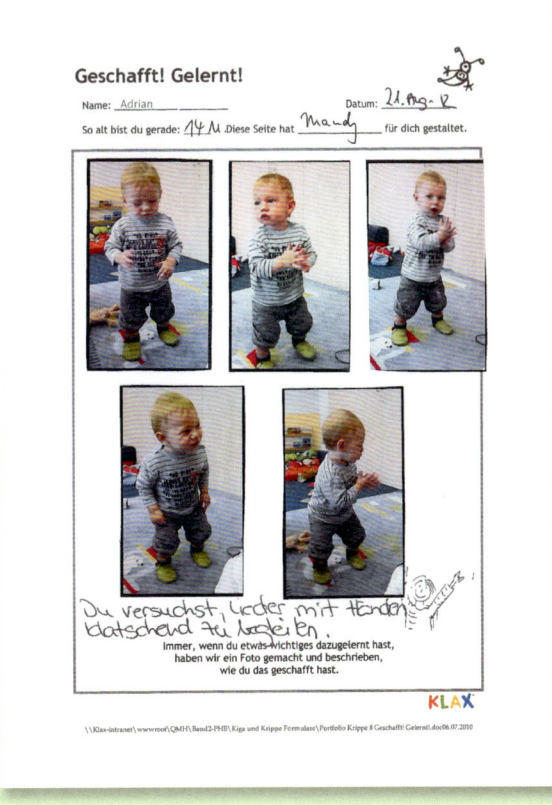
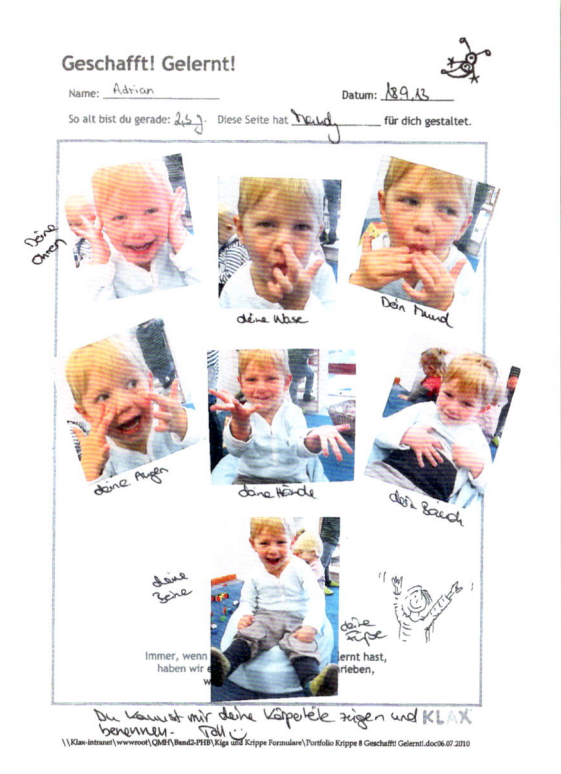

KAPITEL 6:
WIE WIR DIGITALE MEDIEN IN DER PORTFOLIOARBEIT NUTZEN

In diesem Kapitel gehen wir darauf ein, wie digitale Geräte im Kindergarten genutzt werden und wie sie die Lerndokumentation der Kinder verändern.

Im Kindergartenalltag kommen heute schon eine ganze Reihe digitaler Geräte zum Einsatz: Ganz normal und durchaus üblich sind etwa der PC im Leitungsbüro und die Digitalkamera in den Gruppenräumen.

Viele Erzieherinnen verfügen über Smartphones oder Tablets und nutzen diese zunehmend auch im pädagogischen Alltag. Gewiss gibt es auch Kindergärten, in denen die Benutzung privater Geräte verboten ist. Das mag viele Gründe haben, vor allem aber fürchten die Leiterinnen, dass die Fotos der Kinder auf den privaten Geräten der Erzieherinnen gespeichert werden. Hier kommt der Datenschutz ins Spiel. Hierzu mehr in Kapitel 9.

Kommunikation im Kindergarten von heute

Die Kommunikation in unserer Gesellschaft wird immer komplexer, und auch der Kindergarten ist davon betroffen. Die Akteure im Kindergarten müssen sich auf diese Veränderung einstellen, ob sie wollen oder nicht. Viele junge Erzieherinnen nutzen Instagram oder Snapchat und kommunizieren fast nur noch über Fotos in den digitalen Medien. Es gibt WhatsApp-Gruppen, in denen sich Erzieherinnen und Eltern zusammenschließen, auf welche die Leiterin allerdings keinen Zugriff hat. Ähnliche Gruppen auf Facebook, Diskussionen auf Blogs oder Bewertungsportalen bereiten den Trägern und Leitungen Kopfzerbrechen. Viele Erzieherinnen schützen ihre privaten digitalen Accounts gar nicht oder kaum, sodass ihre privaten Fotos und Statements jederzeit von Eltern oder Behörden eingesehen werden können.

Diesem Trend kann man nicht mit Verboten begegnen. Hier helfen nur Aufklärung und das Aushandeln von Regeln zwischen Pädagogen, Eltern und Trägern. Der Kindergarten steht hier noch ganz am Anfang. Allerdings müssen erste Schritte gemacht werden, um die Kommunikation im und um den Kindergarten herum aufrechtzuerhalten.

Tablets im Kindergarten

Das Verbot der Nutzung privater Tablets oder Smartphones in Kindergärten kann unseres Erachtens aufgehoben werden. Es ist sogar sinnvoll, wenn der Kindergarten diese Geräte selbst anschafft. Anders als in vielen Schulen geht es im Kindergarten jedoch nicht darum, dass jedes Kind ein Tablet hat – im Kindergarten braucht jede Erzieherin ein solches Gerät. Zusätzlich werden Tablets für so manche neue pädagogische Anwendung

benötigt. Zum Steuern der Roboter im Bauraum, zum Üben von Programmieraufgaben oder zum Erstellen von Foto- und Filmaufnahmen sind auch Kinder auf Tablets im Kindergartenalltag angewiesen. Dabei hat es sich bewährt, jede Gruppe mit einem Tablet auszustatten. Das ist ein guter Anfang und bringt erhebliche Erleichterungen mit sich, bereichert gleichzeitig aber auch den pädagogischen Alltag.

Worauf Sie achten sollten, wenn Sie Tablets oder Smartphones im Kindergarten einsetzen:
Die Geräte haben einen begrenzten Speicher. Daher ist es sinnvoll, im Kindergarten einen externen Speicher, einen sogenannten NAS, zu installieren. Hierbei handelt es sich um ein kleines Gerät, welches im Büro der Leiterin steht und auf dem alles landet, was mit Tablets oder Smartphones aufgezeichnet wurde. Man kann den NAS so einstellen, dass alles, was nach einem festgelegten Zeitraum nicht benutzt wurde, gelöscht wird.

Auf Tablets und Smartphones werden üblicherweise Apps geladen. Damit das nicht außer Kontrolle gerät und die Kinder plötzlich mit Apps konfrontiert sind, die sie gar nicht kennen sollten, muss eine zentrale APP-Verwaltung eingerichtet werden.

Die APP-Verwaltung wird auf einer zentralen Plattform eingerichtet. Die Leiterin kann auf die Benutzeroberfläche zugreifen und dann die Apps für alle Geräte, die im Kindergarten in Betrieb sind, prüfen und freigeben. So entsteht eine kindergarteninterne APP-Bibliothek, auf die alle Mitarbeiter mit den kindergarteneigenen Geräten zugreifen können.

AUS DER PRAXIS

Die Rückfahrkamera
Till und Konrad spielen im Garten. Heute haben sie ihre Dreiräder mit in den Kindergarten gebracht. Sie spielen Motorradwerkstatt und tun so, als würden sie alle Funktionen an ihrem imaginären Motorrad durchprobieren. Beide ahmen laute Motorengeräusche nach, während sie an den Lenkergriffen drehen.

Sie prüfen den Tank und die Funktionstüchtigkeit der Vorder- und Rücklichter. Plötzlich hat Till eine Idee. Er holt das Tablet aus dem Gruppenraum und festes Klebeband aus dem Atelier. Dann macht er sich daran, das Tablet am Gepäckträger seines Dreirads festzukleben. Susanne, die Erzieherin, hat die Kinder beobachtet. Jetzt kommt sie angelaufen: »Till! Konrad! Was macht ihr denn da?«, ruft sie fragend. »Wir bauen eine Rückfahrkamera für unser Motorrad«, erklärt Till. Konrad bittet: »Kannst du uns bitte mal die Kamera anschalten? Wir wollen sehen, was hinter uns passiert, wenn wir durch den Garten fahren.«

Tablets und Smartphones müssen im Kindergartenalltag zur Verfügung stehen. Es macht daher wenig Sinn, diese wegzuschließen. Legen Sie in den Gruppenräumen Orte fest, an denen die Geräte aufbewahrt werden. Wählen Sie diese Stellen so, dass leicht zu überblicken ist, ob das Gerät da ist.

Sollte ein Gerät wegkommen oder zerstört werden, hilft eine Versicherung. Eine solche sollten Kindergärten abschließen, bevor Technik in den Kindergartenalltag Einzug hält. Die Tablets der Kinder brauchen Schutzhüllen, die nicht nur vor Erschütterungen, sondern auch vor Sand und Wasser schützen.

Tablets sind Werkzeuge, die von den Kindern auch im Spiel benutzt werden und die diese überall mit hinnehmen können müssen. Ein Tablet im Buddelkasten kann für die Kinder sinnvoll sein, ebenso wie ein mit Klebeband am Fahrrad- oder Dreiradsattel befestigtes Tablet, welches den Kindern die oben erwähnte Rückfahrkamera ersetzt. Das Tablet ist ein Werkzeug, das die Kinder frei benutzen können – wie eine Schere, einen Eimer oder ein Seil. Im Spiel finden die Kinder heraus, welchen Sinn Tablets oder Smartphones für ihr Lernen haben. Dabei gehen sie oft ungewöhnliche Wege, auf die Erwachsene niemals kommen würden. Dieser kreative Einsatz der neuen technischen Geräte ist im Kindergarten besonders sinnvoll.

Diesen Nutzen hat die Technik im Kindergarten

Nachdem die Organisationsstrukturen – sprich Versicherung, NAS und APP-Bibliothek – geklärt sind, wenden wir uns nun wieder dem Portfolio zu.

In den vergangenen Jahren wurde viel darüber diskutiert, ob Portfolios den Fokus nicht zu sehr auf das einzelne Kind und zu wenig auf die Gruppe lenken. Wir haben in dieser Diskussion immer die Haltung vertreten, dass Portfolios die Individualität des Einzelnen unterstützen und damit dazu beitragen, dass sich der Einzelne stärker in die Gruppe einbringen kann. In unseren Augen fördert die Portfoliomethode die soziale Gemeinschaft, da die Kinder sehr viel mehr über sich und die eigene Lernfähigkeit erfahren und so in der sozialen Gemeinschaft sicherer und zugewandter auftreten.

Mit der Digitalisierung des Portfolios ist diese Diskussion nun aber hinfällig: Die Entwicklung des

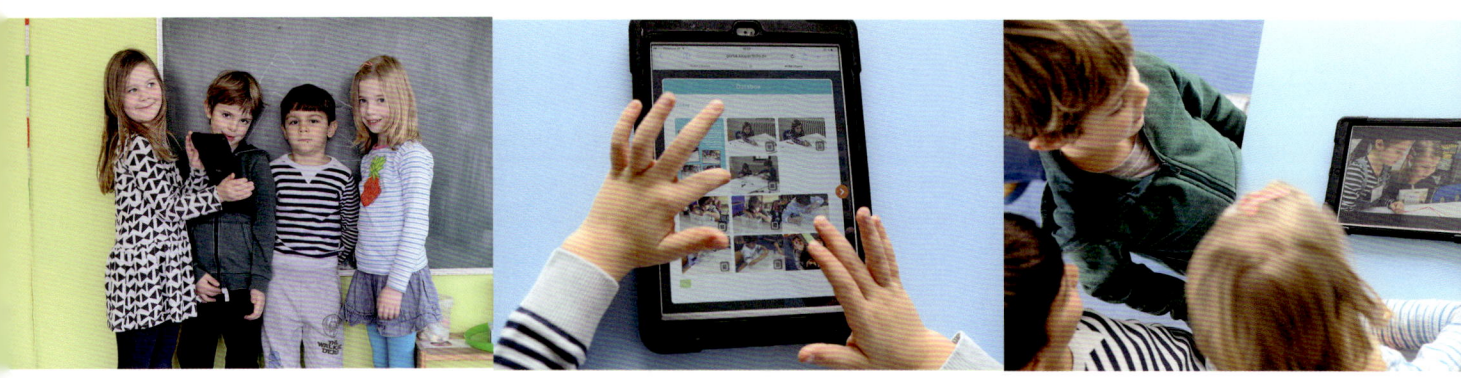

Einzelnen in der Gruppe kann nun viel anschaulicher und übersichtlicher dokumentiert werden, und die Nutzung digitaler Gruppentagebücher und Wochenberichte lenkt den Fokus auf die Gruppe, ohne den Einzelnen zu vernachlässigen.

So verändert die Nutzung digitaler Geräte die Inhalte der »Geschafft! Gelernt!«-Blätter

Die Benutzung digitaler Geräte im Kindergartenalltag macht auch die Kinder selbstaktiver. Sie lernen schnell einen sehr sicheren Umgang mit den Geräten und können damit Fotos oder andere Aufzeichnungen machen, was die Inhalte des Portfolios deutlich bereichert. Man könnte fast sagen, die Kinder dokumentieren zu großen Teilen ihre eigene Entwicklung selbst. Ganz ohne die Hilfe und vor allem die Steuerung durch den Pädagogen geht es aber nicht. Wir zeigen an dieser Stelle drei Beispiele aus dem pädagogischen Alltag:

1. Die App Croak.it [7]

In dieser App gibt es eine Tonaufnahmefunktion. Die App wandelt den Ton in einen QR-Code um, der ins digitale Portfolio geladen oder ausgedruckt und ins Papierportfolio geklebt werden kann. Die Pädagogen können mit dieser App die Sprachentwicklung der Kinder dokumentieren. Ob es sich um die ersten Wörter der Kleinkinder handelt, oder Gedichte oder Reime vorgetragen werden – regelmäßige Aufzeichnungen machen die Entwicklung des Kindes deutlich hörbar.

2. Die App Puppet Pals

Diese App funktioniert wie ein digitales Theater. Man wählt eine Bühne, legt Akteure fest und schiebt diese über die Bühne, während gesprochen wird. All das wird aufgezeichnet. Setzt man diese App während der Angebotszeit ein, kann das Kind demonstrieren, was es gemacht hat, und seine Thesen zum Geschehen werden festgehalten. Die Einsatzmöglichkeiten dieser App sind vielfältig. Die Kinder können über eine Freundin berichten, vom Ausflug erzählen oder den Alltag im Kindergarten beschreiben. Die häufige Wiederholung solcher Aufzeichnungen macht die Entwicklungsschritte der Kinder sichtbar. Die entstandenen Filme können sehr einfach im digitalen Portfolio abgelegt werden.

> ### Puppet Pals
>
> So geht's: Die App wird geöffnet. Sie zeigt eine Theaterbühne. Zuerst können nun der Bühnenhintergrund und die Darsteller ausgewählt oder aufgenommen werden. Will man über eine Freundin berichten, wählt man am besten einen neutralen Hintergrund. Dann müssen die Dinge, die gezeigt oder beschrieben werden sollen, fotografiert werden. Also zum Beispiel das Foto der Freundin, ein Foto ihres Lieblingskuscheltiers, des Lieblingsessens, ein Bild ihres Lieblingsplatzes usw. Die Fotos werden mit einem Fingerwisch ausgeschnitten und zu den Darstellern verschoben. Dann wird der Knopf für das »Aufzeichnen« gedrückt. Das Kind kann zu jedem Foto etwas sagen und es dabei auf die Spielfläche bewegen. Der so entstandene Film lässt sich anschließend sofort abspielen. Er gibt Auskunft über die Entwicklung der Sprachfähigkeit des Kindes, über sein Weltwissen und seine Vorstellung von der sozialen Beziehung »Freundschaft«.

3. Die App Book Creator

Mit dieser App werden digitale Bücher erstellt. Auf sehr einfache Weise kann ein Buch über einen Ausflug oder den Kindergarten selbst angefertigt werden. In die App werden Fotos, Textbausteine oder Sprachaufzeichnungen eingestellt, die chronologisch sortiert ein digitales Buch ergeben. Bücher, die so entstanden sind, bereichern das digitale Portfolio.

---

[7] Apps werden kontinuierlich aktualisiert. Oft verschwinden einzelne Apps, und neue werden angeboten. Daher können wir nicht garantieren, dass Sie diese App unter genau diesem Namen finden werden.

4. iMovie

Mit dieser App werden Filme erstellt. Filmsequenzen werden in die App eingestellt und auf sehr einfache Weise geschnitten und mit Musik unterlegt. Im Kindergarten können die Kinder gemeinsam mit der Erzieherin spannende Filme über die letzte Schatzsuche, ein Abenteuer im Garten oder eine Dokumentation über einen Ausflug anfertigen. Die so entstandenen Filme runden die Dokumentation im Portfolio ab.

Ängste überwinden

Viele Kindergärten zögern bei der Einführung digitaler Medien. Die Ursachen dafür sind vielfältig und selten in zu kleinen Budgets zu finden. Erzieherteams sollten sich fragen, wie sie den Bildungsauftrag des Kindergartens erfüllen wollen, wenn sie die Lebensrealität der Kinder von heute ignorieren. Es gibt nur eine Antwort: Der Kindergarten braucht Wissen, Ideen und pädagogische Projekte, die sich in den Alltag integrieren lassen und die geeignet sind, die Kinder behutsam in die digitale Welt einzuführen. Für Erzieher bedeutet das Folgendes:

Computer sind für viele Menschen undurchschaubare Gerätschaften. Mal funktionieren sie, mal nicht, und nie weiß man so richtig, warum das so ist. Kein Wunder also, dass sich viele Erwachsene der Technik ausgeliefert fühlen. Unsere Zukunftsfantasien handeln häufig von einer düsteren Welt, in der die Menschheit von technischen Geräten beherrscht wird. Hier wird ein Ohnmachtsgefühl deutlich, das leider allzu schnell als Entschuldigung dafür dient, dass eine konkrete Auseinandersetzung mit der Funktionsweise von Technik gar nicht erst stattfindet. Doch der Verzicht aufs Verstehen-Wollen ist wenig hilfreich, wenn es darum geht, den Herausforderungen der Gegenwart gewachsen zu sein. Es droht sich eine Kluft aufzutun zwischen dem Wissen der Kinder, die mit digitalen Medien aufwachsen, und Eltern, die den technischen Innovationen hilflos und handlungsunfähig gegenüberstehen. Wir sollten bedenken, dass pädagogische Fachkräfte immer auch Vorbilder für die Kinder sein sollten. Und Lernen bedeutet auch in der digitalen Welt, sich Herausforderungen zu stellen und diese auf ganz eigene Art für sich anzunehmen.

Der nächsten Generation die Zukunft zutrauen

Erziehen ist das Einführen der nachwachsenden Generation in die Werte, Rituale und Lebensweisen der bestehenden Generation. Diese Erklärung macht deutlich, worum es geht, wenn sich Eltern und Pädagogen um Kinder kümmern, sie beim Aufwachsen begleiten und ihnen das Wissen mitgeben, welches sie in den Augen der bestehenden Generation für die Zukunft brauchen. Diese Übergaberituale sind so alt wie die Menschheit selbst. In Zeiten der technischen, industriellen und jetzt der digitalen Revolution entstehen dabei aber Widersprüche und Brüche, die vor allem die Elterngeneration irritieren und die aufwendig zwischen den Generationen vermittelt werden müssen. Auch die aktuelle digitale Revolution schafft Veränderungen, die unser Leben durchdringen, vor denen die nachwachsende Generation aber geschützt werden soll. So versuchen Eltern, die fast nie ihr Smartphone aus der Hand legen, ihre Kinder ohne Fernseher, Computer und Technik aufwachsen zu lassen, weil sie befürchten, dass die Technik ihnen schaden könnte. Andere Eltern wiederum reglementieren die Benutzung von Tablet, Smartphone und Co, da sie erkannt haben, dass die Lebensrealität auch aus dem Familienbezug nicht herauszuhalten ist. Fragt man Eltern, ob Sie sich wünschen, bereits durch die Kita bei einer zeitgemäßen Medienerziehung unterstützt zu werden, sagen 7 Prozent Ja. Die gleiche Frage wird bezogen auf die Schule von 32 Prozent mit Ja beantwortet.[8]

Pädagogen müssen Eltern dabei helfen, diese Diskrepanz zu überwinden, indem sie ihnen Wege für den sinnvollen Einsatz digitaler Medien zum Lernen und Welterkunden aufzeigen. Kindergärten sollten sich weiterentwickeln und ihre Arbeitsweise den Bedürfnissen der Eltern und Kinder genauso anpassen wie den gesellschaftlichen Entwicklungen. Es ist also gar keine Frage – der Kindergarten wird nicht um die Nutzung digitaler Medien und Informationsstrukturen umhinkommen. Den Kindern müssen diese Dinge erklärt werden, sie müssen lernen, gut und sicher damit umzugehen. Kindergärten, die sich nicht auf diesen Weg begeben, werden irgendwann zu Museen ihrer eigenen Geschichte.

Nicht die Augen verschließen!

Machen wir uns nichts vor: Die digitale Technik ist aus unserem Alltag nicht mehr wegzudenken. Die meisten Dinge des täglichen Lebens funktionieren digital. Das gilt für die Waschmaschine ebenso wie für die Stromversorgung der Stadt. Die digitale Technik wird immer weiter verfeinert und dadurch zunehmend leistungsfähiger. Eine Innovation jagt die nächste. Und selbstverständlich betrifft dieser Trend nicht nur die Erwachsenenwelt, sondern auch die Kinder – die Lebensrealität der Kinder ist von digitalen Medien geprägt, und daran kommt der Kindergarten nicht vorbei, will er seinen Bildungsauftrag im 21. Jahrhundert verantwortungsvoll wahrnehmen. Der Einsatz digitaler Geräte ist deshalb auch im Kindergarten notwendig und sinnvoll, wenn man es richtig anstellt. Die meisten pädagogischen Fachkräfte

verstehen mittlerweile, dass Tablets, Smartphones, digitale Mikroskope oder Kameras hilfreiche Werkzeuge sind, die in ihrer Multifunktionalität die tägliche Arbeit erleichtern. Sie sind so einfach zu bedienen, dass die Vorschulkinder selbst fotografieren oder filmen können. Zur Begleitung der Sprachentwicklung eignen sich die Geräte aufgrund ihrer Aufzeichnungsfunktionen ebenfalls. Wollen wir wirklich auf solche neuen Möglichkeiten im Portfolio verzichten?

Abschied nehmen tut gut

Altvertraute Gewohnheiten geben uns Sicherheit. Aber sie haben gewiss nicht nur Vorteile. Allzu oft heften wir Papier und Materialien in Aktenordnern ab, für die wir keinen Platz mehr im Regal finden, und es kostet uns viel Kraft, all diese Papiere, Hefte und Broschüren beim nächsten Frühjahrsputz tatsächlich auszusortieren und wegzuschmeißen. Wir sind aufgewachsen mit der Überzeugung, dass wir nur die Dinge besitzen, die wir auch anfassen können. Das ist eine alte Gewohnheit aus einer Zeit, in der Informationen stets fest mit einem Medium verbunden waren. Telefonnummern gab es im Telefonbuch, man besaß ein Adressbuch, dann noch einen Kalender. Wir hatten Bücherregale voller Bücher, die wir tatsächlich ab und zu in die Hand nahmen, wenn ein Zitat gesucht wurde oder eine Geschichte gelesen werden sollte. Unsere Enkelkinder werden sich vermutlich über unsere Papiersammelwut und die unzähligen Aktenordner, Bücher und Schnellhefter wundern – so selbstverständlich wird ihnen der Umgang mit Dateien, Datenbanken und sozialen Netzwerken geworden sein. Die digitale Welt bietet uns nun die Chance, uns vom Altgewohnten zu lösen. Wir sollten diese Chance der Veränderung nicht ungenutzt verstreichen lassen.

KAPITEL 7: DAS KITAPORTFOLIO DIGITAL

In diesem Kapitel erklären wir am Beispiel des »Kitaportfolio« die konkrete Funktionsweise eines digitalen Portfolios.

Das Kitaportfolio ist in drei Ebenen unterteilt: die Ebene der Kita, die Ebene der Gruppe und die Ebene des einzelnen Kindes.

1. Die Kita-Ebene
Auf der Ebene der Kita gibt es Informationen, die die gesamte Kita betreffen: die Jahresplanung inklusive Schließtage, den aktuellen Speiseplan und weitere wichtige Informationen für die Eltern. Zugriff auf diese Ebene haben alle Pädagogen und die Eltern aller Kinder der Kita.

2. Die Gruppen-Ebene
Auf der Ebene der Gruppe gibt es Informationen, die die jeweilige Gruppe des Kindes betreffen: Insbesondere Tagesrückblicke der Gruppe und eine Galerie, in der Fotos von Festen etc. eingestellt werden können, dienen hier der Information der Eltern über den pädagogischen Alltag ihrer Kinder. Zugriff auf diese Ebene haben alle Pädagogen der Kita und die Eltern der Kinder dieser Gruppe.

3. Die Ebene des einzelnen Kindes
Bei der Kinder-Ebene handelt es sich um das eigentliche Portfolio: Hier werden die individuellen Lernschritte des Kindes, seine biografischen Daten etc. gespeichert und können von Erziehern und Eltern aufgerufen werden. Zugriff auf diese Ebene haben alle Pädagogen der Kita und die Eltern des jeweiligen Kindes.

Wie im Papierportfolio ist auch das digitale Kitaportfolio in die beiden Hauptteile »Ich-Seiten« und Lernbeweise nach Bildungsbereichen geordnet

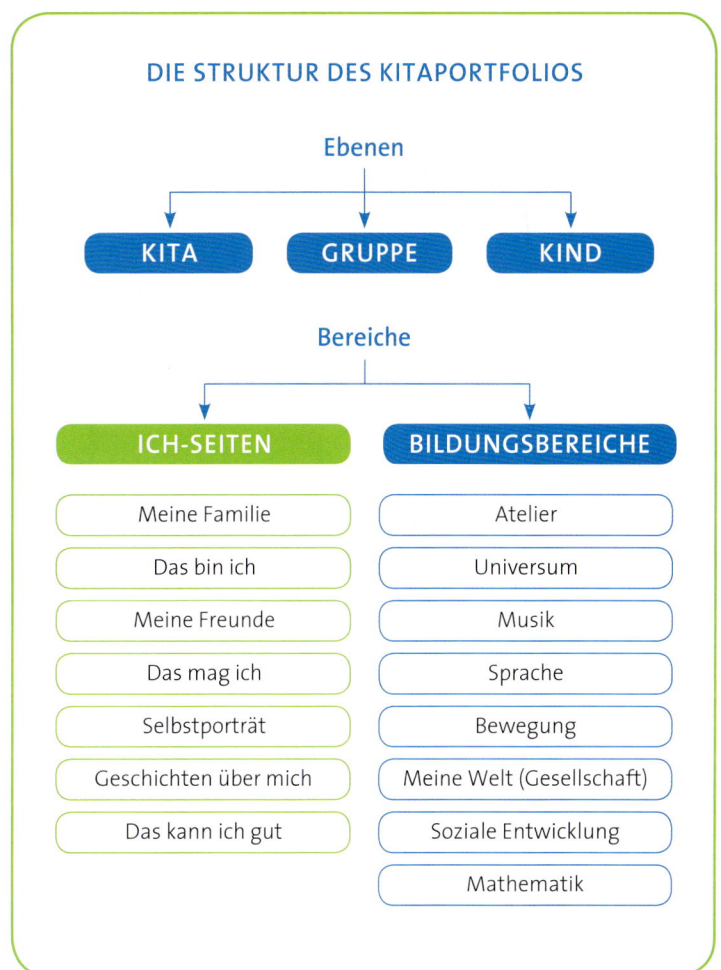

aufgeteilt. Zusätzlich gibt es hier noch eine Rubrik, die sich »Neues« nennt. Sie wurde eingefügt, weil eine Software anders funktioniert als ein Hefter und auch anders gelesen werden muss. Die neueste Information ist hierbei immer die, die beim Öffnen der Anwendung als Erstes erscheint.

DIE ICH-SEITEN IM KITAPORTFOLIO

Ich-Seiten	Wie häufig auszufüllen?	Das ist zu beachten
Meine Familie	Mindestens einmal pro Kitajahr	Hier versorgen die Eltern das Portfolio ihres Kindes mit Informationen über die Familie. Sie sollten selbst entscheiden, wie häufig sie diese Seite aktualisieren wollen.
Das bin ich	Einmal pro Kitajahr	Hier gibt das Kind Informationen über sich selbst in das Portfolio ein. Dies geschieht üblicherweise zu Beginn des Kitajahres.
Meine Freunde	Einmal pro Kitajahr	Diese Seite ist freiwillig und kann von Eltern und Kind auch zu Hause erstellt werden. Wie häufig dies geschieht, kann das Kind selbst entscheiden.
Das mag ich	Einmal pro Kitajahr	Diese Seite ist freiwillig und kann von Eltern und Kind auch zu Hause erstellt werden. Wie häufig dies geschieht, kann das Kind selbst entscheiden.
Selbstporträt	Zweimal pro Kitajahr	Diese Seite ist wichtig, da ein gezeichnetes Selbstporträt dem Pädagogen viel über die Entwicklung und das Selbstbild des Kindes erzählt. Einmal im halben Jahr sollte deshalb ein neues Porträt hinzugefügt werden.
Geschichten über mich	Einmal pro Kitajahr	Diese Seite ist freiwillig und kann von Eltern und Kind auch zu Hause erstellt werden. Wie häufig dies geschieht, kann das Kind selbst entscheiden.
Das kann ich gut	Zweimal pro Kitajahr	Das Kind reflektiert über diese Seite seine eigene Lernentwicklung. Daher ist es wichtig, dass es einmal im halben Jahr ein neues Statement über die eigene Entwicklung abgibt.

Unter »Neues« erhält man somit jederzeit die aktuellsten Informationen im Portfolio des Kindes. Hier lässt sich mit einem Klick sehen, welcher Eintrag zuletzt im Portfolio abgelegt wurde – egal, ob dieser in den Bereich »Ich-Seiten« oder »Bildungsbereiche« gehört. Diese Rubrik dient also einem schnellen Überblick und Zugriff auf die Inhalte. Gleichzeitig ist über den Bereich »Neues« sehr gut nachzuvollziehen, wie regelmäßig Einträge zu dem einzelnen Kind in das Portfolio gestellt wurden.

Die Ich-Seiten bilden den individuellen bzw. biografischen Teil des Portfolios. Hier werden besondere Ereignisse, Personen, die für das Kind wichtig

DAS PORTFOLIO-KONZEPT DIGITAL | KAPITEL 7

sind, Dinge und Tätigkeiten, die es besonders gerne mag, festgehalten. Diese Seiten dienen Kindern somit als wichtiger Identifikationspunkt im Portfolio, da sie die eigene Entwicklung in den Mittelpunkt stellen.

Dabei ist es wichtig, dass in regelmäßigen Abständen Informationen über jedes Kind im Portfolio abgelegt werden. So entsteht eine Sammlung von Angaben über die Entwicklung des Kindes, welche das Kind oder die Eltern selbst eingeben. Diese Informationen sind in Fotos, kurzen Texten, die das Kind diktiert oder eingesprochen hat, genauso enthalten wie in Selbstporträts und Filmen. Eltern oder Pädagogen können das Kind dabei aufnehmen, wie es von sich selbst erzählt und dabei zum Beispiel mitteilt, was ihm gerade besonders wichtig ist. Wenn ein solches Video alle sechs Monate zu jedem Kind ins Portfolio gestellt wird, bedeutet das auf der einen Seite nicht viel Aufwand; auf der anderen Seite liefern diese Videos der Erzieherin wertvolle Hinweise, um die Entwicklung des jeweiligen Kindes einschätzen

und weiter fördern zu können. Und für die Kinder selbst sind diese Aufzeichnungen in späteren Jahren eine wunderbare Möglichkeit, die eigene Entwicklung nachzuvollziehen.

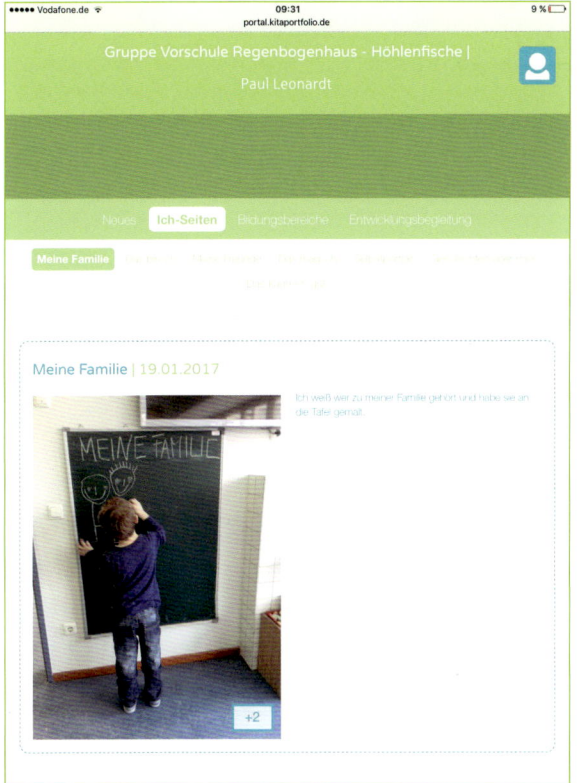

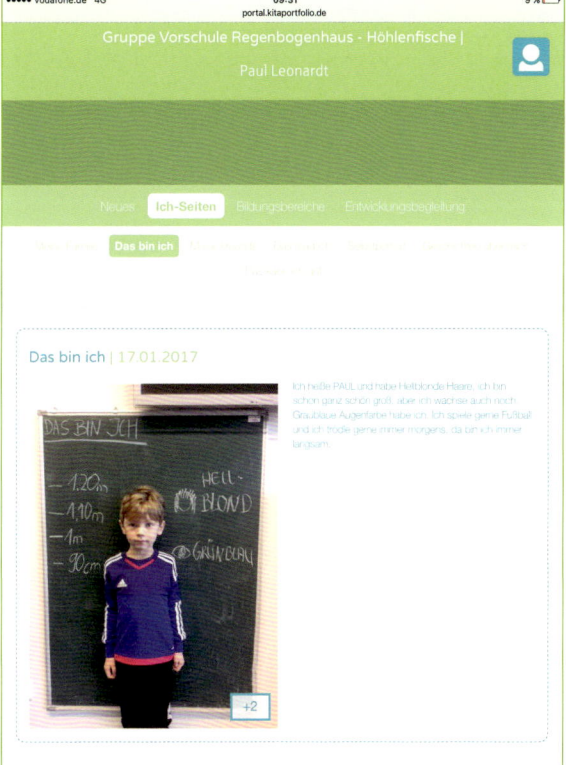

Mithilfe des Portfolios und besonders der Ich-Seiten können sich die Kinder selbstständig Vergangenes bewusst machen und ihre Erinnerungen nacherleben. Das Portfolio hilft ihnen, die vielen Veränderungen und Entwicklungen, die sie im Laufe ihrer Kindergartenjahre durchgemacht haben, bewusst wahrzunehmen. Auf diese Weise haben sie eine gute Möglichkeit, sich mit ihrer eigenen Lebensgeschichte auseinanderzusetzen.

Betrachten die Kinder ihre eigenen Portfolios, bietet ihnen das gleichzeitig eine Vielzahl an Sprechanlässen: Sie tauschen sich untereinander, mit ihren Erziehern und ihren Eltern über das, was sie von sich selbst wahrnehmen, aus.

Erzieherinnen sollten darauf achten, dass die Kinder während der Kindergartenjahre vornehmlich selbst Geschichten über sich erzählen. Dadurch erhalten die Pädagogen im Laufe der Jahre zusätzlich eine sehr gute Dokumentation der sprachlichen Entwicklung der Kinder. Die Geschichten werden zunehmend komplexer und umfangreicher, der Wortschatz entwickelt sich genauso wie die Grammatik.

Das Betrachten der Einträge im digitalen Portfolio ist dabei noch viel einfacher als das Blättern in dem schweren Papierordner. Es braucht ein wenig Umgewöhnung, da die Seiten untereinander und nicht wie im physischen Ordner nacheinander angeordnet sind. Kinder bewältigen diesen Schritt aber sehr schnell.

Warum werden verschiedene Ich-Seiten gebraucht?

In den sozialen Medien werden Informationen einfach eingestellt, sie erscheinen chronologisch, und es sind keine Kategorien nötig. Daran sind viele Nutzer von Facebook und Co gewöhnt. Auch das digitale Portfolio kommt zumindest im Bereich der Ich-Seiten wie ein soziales Medium daher: Man stellt Informationen über sich ein, und eine vorher definierte Gruppe anderer Menschen, in diesem Fall Eltern und Pädagogen, können sie einsehen. Das Portfolio verfolgt aber deutlich andere Zwecke: Es ist keine Sammelmappe – das haben Sie nun schon das eine oder

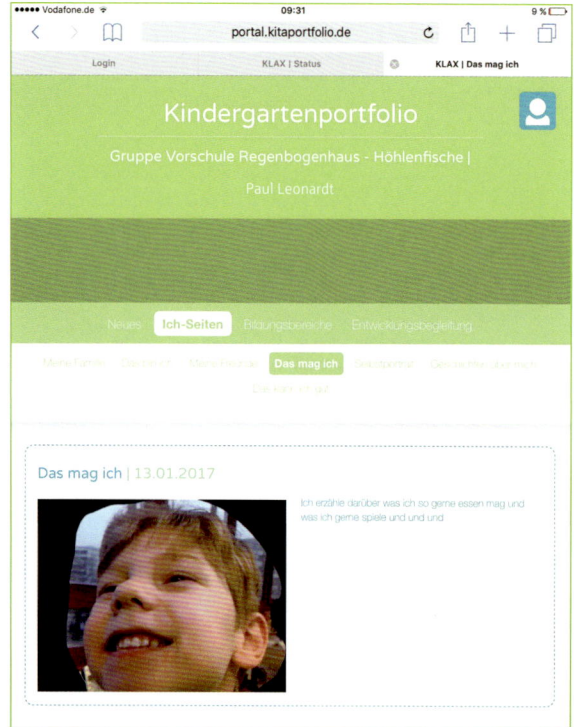

andere Mal zu lesen bekommen –, sondern das zentrale Instrument einer Methode, welche die gesamte Arbeit im Kindergarten durchdringt und den Erfolg dieser Arbeit, nämlich die Entwicklung der Kinder, transparent macht. Dies macht deutlich, warum es so wichtig ist, das Portfolio auch in der digitalen Variante ordentlich zu strukturieren.

Weniger ist mehr

Es ist die Aufgabe der Erzieherinnen, auszuwählen, welche Bilder, Fotos oder Videos in das Portfolio der Kinder eingefügt werden. Würde jeder einzelne Tag, jedes Foto und jeder Film im Portfolio abgelegt, sähe man sprichwörtlich »den Wald vor lauter Bäumen nicht mehr«. Daher ist es wichtig, sich auf die wesentlichen Informationen zu beschränken. Und hier stellt das digitale Portfolio eine Herausforderung dar, denn es steht nicht wie sein Papierkollege in einem Regal, an das nicht jederzeit so einfach heranzukommen ist – in der digitalen Variante ist es jedem Zugangsberechtigten jederzeit möglich, Informationen einzustellen. Dies kann zu einer Schwemme an Fotos, Filmen und Lernbeweisen führen.

So schön die Fotos und Videos auch sein mögen – niemand kann sich mehrere Stunden lang hinsetzen und all dieses Material sichten, auswerten oder wertschätzen. Daher gilt hier: In das Portfolio gehören wenige, aussagekräftige und nach pädagogischen Gesichtspunkten ausgewählte Einträge. Neben einer zahlenmäßigen Begrenzung der Einträge dient auch die Kategorisierung im Portfolio der Übersichtlichkeit. Egal ob in der physischen oder der digitalen Variante: Ein Portfolio wird erst durch die systematische Ordnung zum Portfolio. Informationen müssen wiederauffindbar und leicht zugänglich sein.

Die Bildungsbereiche – die »Geschafft! Gelernt!«-Seiten

Der Hauptteil des Portfolios besteht aus der Dokumentation der Lernbeweise, die den einzelnen Bildungsbereichen zugeordnet sind. Im Kitaportfolio sind folgende Bildungsbereiche eingerichtet und mit Stufenblättern hinterlegt:

1. Atelier
2. Universum
3. Musik
4. Sprache
5. Bewegung
6. Meine Welt (Gesellschaft)
7. Soziale Entwicklung
8. Mathematik

Ein Eintrag im Kitaportfolio wird dem jeweiligen Bildungsbereich und dem Stufenblatt zugeordnet und dann zu dem einzelnen Kind hinzugefügt. Auf dem »Geschafft! Gelernt!«-Blatt des Kindes erscheinen jetzt zusätzlich zum eingefügten Foto samt Untertext Datum, Stufenblattnummer und Stufenblattziel.

Das Stufenblattziel wird dabei aus der Datenbank der hinterlegten Stufenblätter automatisch mit in den Eintrag eingefügt und dient so der besseren Übersichtlichkeit beim Betrachten des Portfolios. Wie auch beim Portfolio aus Papier helfen diese Grundsätze bei der Entscheidung darüber, ob ein Ereignis ins Kitaportfolio aufgenommen werden soll oder nicht.

Daran erkennen wir ein gutes Portfolio:

- Die Inhalte sind zeitlich chronologisch und ohne große Lücken abgelegt.
- Das Lernen des Kindes in den einzelnen Bildungsbereichen ist durch die Dokumentation nachvollziehbar.
- Das Portfolio wird in Elterngesprächen und zu Planungszwecken benutzt, weil sein Inhalt hierbei hilfreich ist.

Kompetenzerwerb transparent darstellen

Die Einträge zu jedem Bildungsbereich sind automatisch chronologisch sortiert. So kann der Betrachter zum Beispiel im Bereich »Universum« stets den aktuellsten Eintrag oben sehen. Scrollt der Betrachter weiter, finden sich die entsprechend früheren Einträge. Dadurch, dass die Einträge im Portfolio also chronologisch sortiert, gleichzeitig aber den konkreten Lernzielen aus den Stufenblättern zugeordnet sind, kann der Zuwachs an Kompetenzen der Kinder durch das Kitaportfolio leicht und nachvollziehbar sichtbar gemacht werden.

Wie Inhalte in das Portfolio eingestellt werden

Das Einstellen von Inhalten in das Kitaportfolio ist ganz einfach.

Schritt 1:
Fotos oder Videos auswählen
Die Fotodatenbank auf dem Smartphone oder Tablet wird geöffnet. Jetzt geht es darum, Fotos oder Filme auszuwählen, die für das Portfolio infrage kommen.

Darauf achten:
Smartphones und Tablets ermöglichen es, im Alltag praktisch nebenbei die Entwicklungen der Kinder durch Fotos und Videos zu dokumentieren. Ab dem vierten Lebensjahr können Kinder über Apps wie Croak.it, Puppet Pals oder iMovie bereits selbst ihre eigenen Lernschritte beschreiben und Inhalte für ein digitales Portfolio produzieren.

Wenn Sie im Alltag per Smartphone oder Tablet dokumentieren, werden Sie schnell feststellen, dass sehr einfach sehr viele Aufnahmen entstehen. Daher ist eine gezielte Auswahl wichtig, um das Portfolio nicht mit zu vielen Informationen zu überfrachten. Wählen Sie daher immer nach pädagogischen Gesichtspunkten aus, welche Fotos und Videos Sie tatsächlich im digitalen Portfolio ablegen wollen. Löschen Sie die übrigen Aufnahmen, die nicht ins Portfolio passen.

Schritt 2:
In der App »Kitaportfolio« anmelden
Jetzt wird die App »Kitaportfolio« auf dem Smartphone oder Tablet geöffnet. Hier melden sich die Erzieherinnen mit ihrem persönlichen Benutzernamen und Kennwort an.

Schritt 3:
Fotos oder Videos hochladen
Jetzt wird aus der App heraus die Fotodatenbank geöffnet. Die vorher ausgewählten Fotos oder Videos werden markiert, das Hochladen beginnt. Während des Hochladens der Aufnahmen in die Datenbank des Kitaportfolios werden die Fotos automatisch mit den folgenden Informationen verknüpft:

- Datum (Wann wurde das Bild hochgeladen?)
- Erzieher/in (Wer hat das Bild hochgeladen?)
- Gruppe/Einrichtung (In welcher Gruppe bzw. Einrichtung wird dieses Bild gespeichert?)

Auf diese Weise wird sichergestellt, dass die Erzieherinnen der jeweiligen Einrichtung die Aufnahmen ganz leicht finden und gleichzeitig niemand ohne die entsprechenden Rechte Zugriff auf diese Bilder erhält.

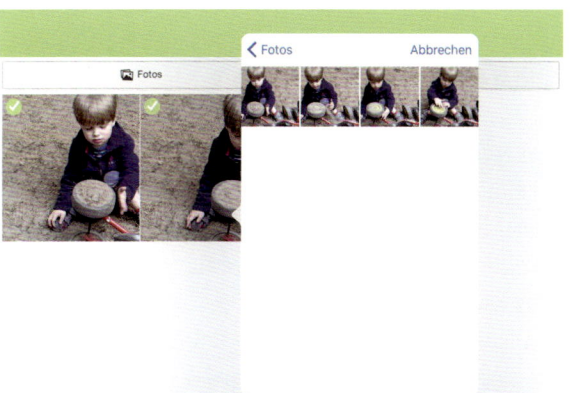

Darauf achten:
Die Erzieherinnen sollten nach dem Hochladen die Aufnahmen von ihren Geräten löschen. So schaffen sie zum einen Platz für neue Aufnahmen und stellen zum anderen sicher, dass sich, selbst wenn das Gerät geklaut werden sollte, keine Aufnahmen der Kinder darauf befinden.

Schritt 4:
Aufnahmen auswählen und kommentieren
Im Menü auf den Button »Fotos/Videos« klicken. Nun muss zwischen den Buttons »Fotos« und »Videos« ausgewählt werden. Wurde auf »Fotos« geklickt, wird eine Übersicht aller chronologisch sortierten Fotos sichtbar, die in den letzten zwei Wochen in der Kita eingestellt wurden. Es werden die Fotos ausgewählt, die in das Portfolio eingefügt werden sollen. Ein Klick auf das Pfeilsymbol, und man gelangt zum nächsten Schritt. In den nun sichtbaren Feldern werden Eintragungen vorgenommen. Im oberen Feld wird eine thematische Überschrift für den Lernbeweis eingetragen, und

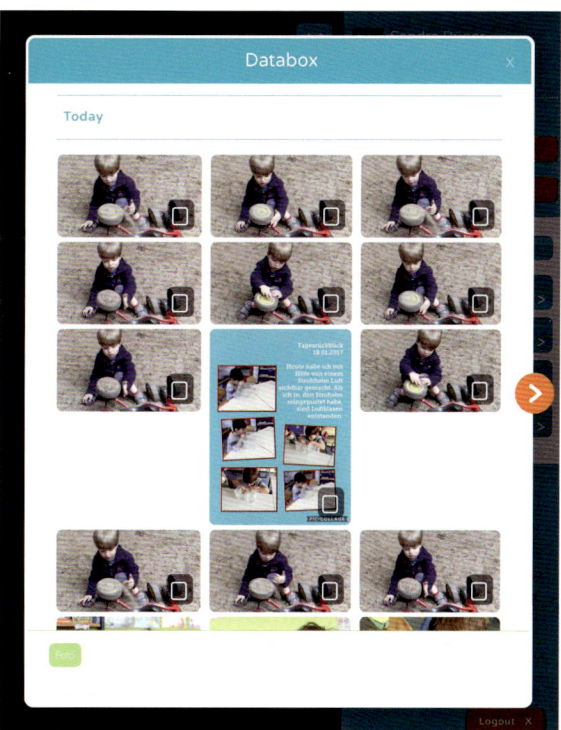

im unteren Feld wird beschrieben, was auf den Aufnahmen zu sehen ist. Ein Klick auf den Pfeil, und man gelangt zum nächsten Schritt.

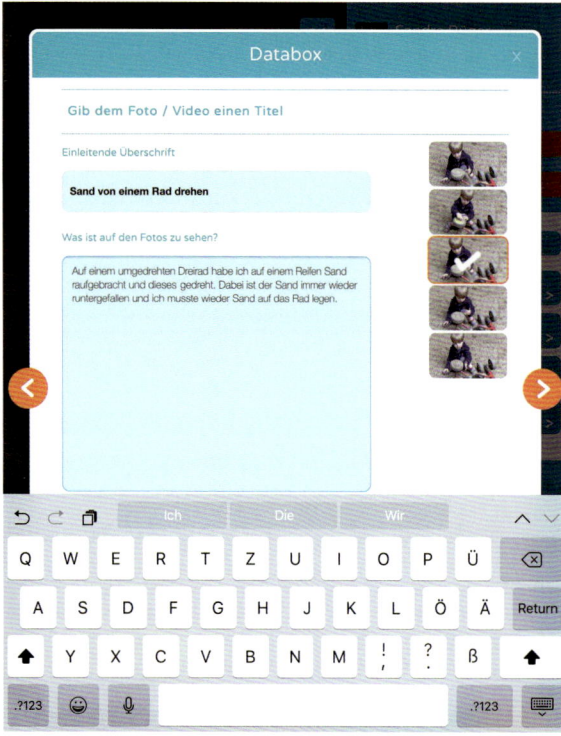

⇢ Darauf achten:
Unter dem Menüpunkt »Fotos/Videos« erhalten die Erzieherinnen Zugriff auf alle Aufnahmen ihrer Einrichtung – also auch auf die Aufnahmen, die ihre Kollegen erstellt und in das Kitaportfolio hochgeladen haben. Gerade bei gruppenoffener Arbeit wechseln die Kinder regelmäßig die Räume und die Angebote. Daher dokumentieren auch andere Erzieherinnen als der Bezugspädagoge die Entwicklungsschritte des Kindes und können Inhalte in dessen Portfolio stellen. Zusätzlich können wichtige Aufnahmen, die von der einen Kollegin erstellt wurden, auch von der anderen Kollegin ganz leicht zur Dokumentation genutzt werden.

Schritt 5:
Aufnahmen den Kindern zuordnen
Nun muss ausgewählt werden, ob der Eintrag zum Tagesrückblick der Gruppe gehört, ob er zu einem Kind in den Bereich »Ich-Seiten« oder in die »Bildungsbereiche« eingeordnet werden soll. Nachdem diese Entscheidung vermerkt wurde, geht es mit der Pfeiltaste weiter.

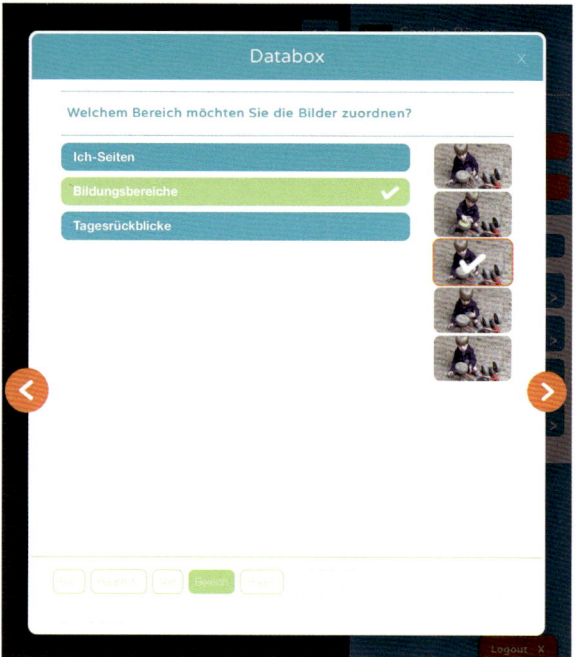

Schritt 6:
Lernen, interpretieren und reflektieren
Nehmen wir an, es soll ein Beitrag in die Bildungsbereiche eingefügt werden. Die Erzieherinnen sind nun aufgefordert, vier Fragen zum pädagogischen Angebot zu beantworten und sich dabei in das Kind hineinzuversetzen.

Was habe ich gemacht?
Ich habe Staub und Erde auf das Rad eines Dreirades gelegt und dann durch starkes Drehen vom Rad geschleudert. Diesen Vorgang habe ich mehrfach wiederholt.

Was habe ich dabei gelernt?
Ich habe gelernt, dass durch die Rotation des Rades Material weggeschleudert wird. Ich habe dadurch die Auswirkungen der Fliehkraft als Gesetzmäßigkeit bewusst kennengelernt.

Wie habe ich das gelernt?
Ich habe dies durch eigenes Experimentieren und mehrfaches Wiederholen herausgefunden.

Warum ist das wichtig?
Die Untersuchung der Welt und deren Funktionsweisen gehört zu den wichtigen Entwicklungsschritten von Kindern. Durch diese Experimente beginne ich die physikalischen Grundlagen der Welt zu verstehen.

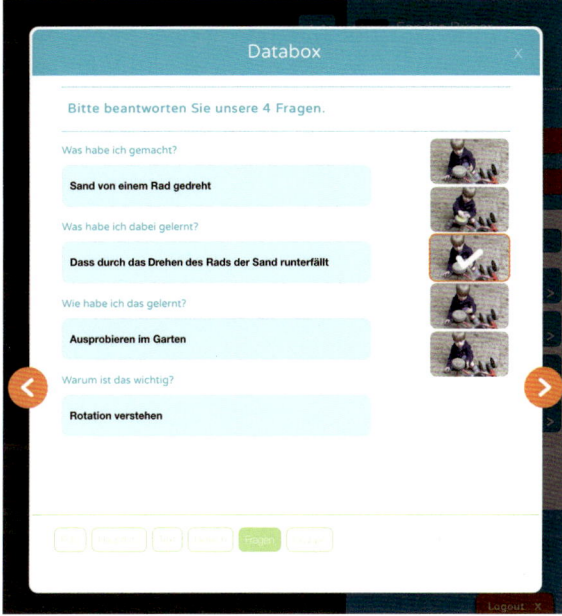

Fragen dabei, sich die Lernschritte jedes Kindes bewusst zu machen und hieraus entsprechende Folgeangebote abzuleiten.

Schritt 7:
Die Aufnahme dem Bildungsbereich zuordnen
Jetzt muss der passende Bildungsbereich ausgewählt werden. Dann wird mit der Pfeiltaste zum nächsten Schritt gewechselt.

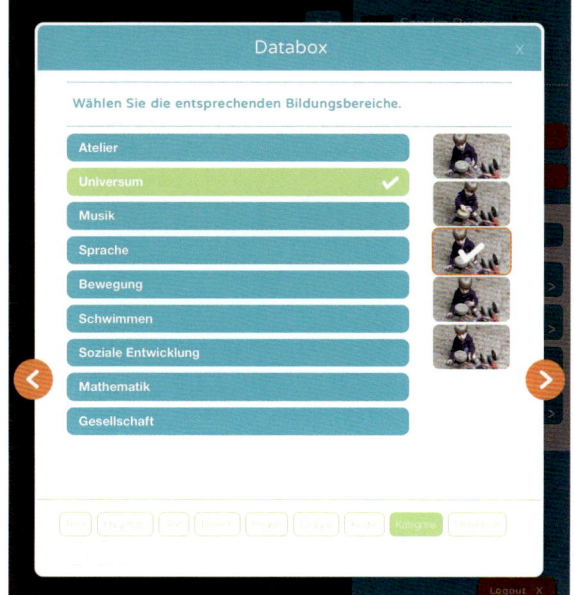

⋯ Darauf achten:
Die Reflexion über den jeweiligen Lernschritt ist für alle wichtig. Eltern brauchen diese Informationen, um zu verstehen, dass ihr Kind in den Aufnahmen, die sie sehen, nicht einfach nur »mit Dreck spielt«, sondern tatsächlich Experimente zum Weltverständnis durchführt. Auch Erzieherinnen hilft die Unterteilung in die reine Beschreibung und die Interpretation eines Lernschrittes durch die vier

Schritt 8:
Die Aufnahme dem Stufenblatt zuordnen

Jetzt muss das Stufenblatt ausgewählt werden. Dann wird mit der Pfeiltaste zum nächsten Schritt gewechselt. Im Kitaportfolio wird als Ordnungsstruktur für das Einstellen von Lernbeweisen das Konzept der Stufenblätter genutzt. Aufgeteilt in die einzelnen Bildungsbereiche sind hier die Lernschritte der Kinder von der Krippe bis zum Übergang in die Grundschule systematisch dargestellt.

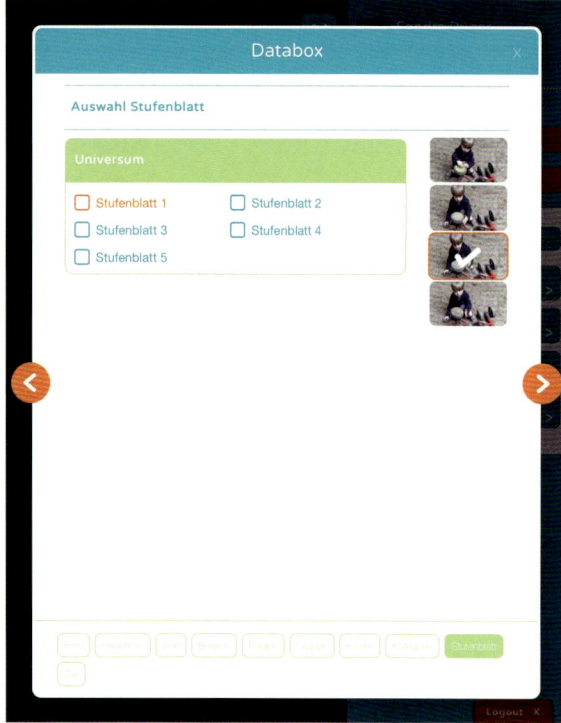

Schritt 9:
Das Ziel auf dem Stufenblatt auswählen

Jetzt muss das Ziel auf dem Stufenblatt ausgewählt werden. Dann wird mit der Pfeiltaste zum nächsten Schritt gewechselt. Durch die Verbindung der ausgewählten Aufnahmen und deren Beschreibung mit einzelnen Lernzielen wird das individuelle Lernen des Kindes nachvollziehbar. Zum einen ist dadurch dokumentiert, wie ein bestimmtes Lernziel erreicht wurde, wann dies geschehen ist und was das Kind zum Erreichen dieses Ziels unternommen hat. Zum anderen können auch Zwischenschritte der Zielerreichung auf diese Weise besser dargestellt werden, indem zu einem Lernziel unterschiedliche Herangehensweisen dokumentiert werden.

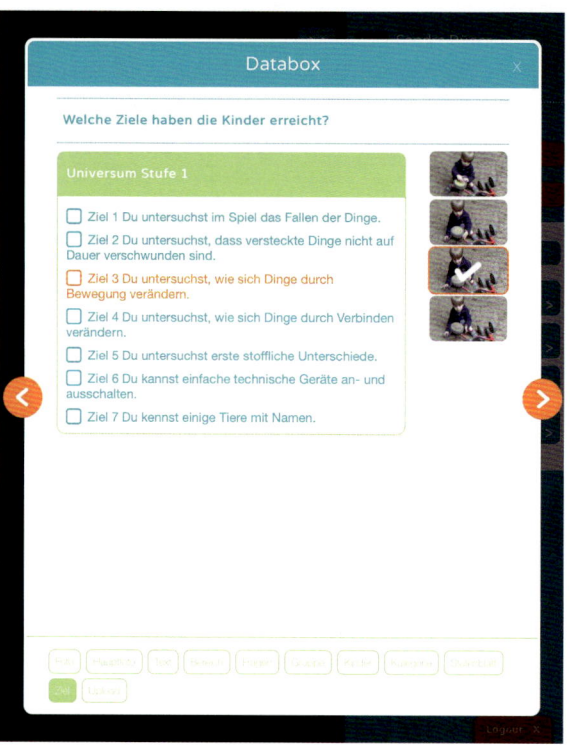

···▸ *Darauf achten:*

Fotos oder Videos zeigen selten nur einen Lernschritt in einem bestimmten Bereich. Wenn zum Beispiel ein Kind von einem naturwissenschaftlichen Experiment berichtet und seine Thesen dazu in einem Video vorstellt, dokumentiert dieser Lernschritt nicht nur eine Entwicklung im Bereich »Universum«, sondern ganz bestimmt auch im Bereich »Sprache«. Im Papierportfolio war es bislang lediglich möglich, einen Lernschritt einem bestimmten Lernziel und einem bestimmten Bildungsbereich zuzuweisen. Man hätte den Lernbeweis ein zweites Mal erstellen bzw. kopieren müssen, um ihn sowohl im Bereich »Universum« als auch im Bereich »Sprache« abzulegen. Im digitalen Kitaportfolio kann die Anforderung, dass jeder Lernbeweis auch mehreren

Stufenblattzielen zugeordnet werden sollte, ganz einfach realisiert werden. Die im digitalen Portfolio implementierte Datenbank kümmert sich um die richtige Zuordnung und spart Erzieherinnen damit viel Arbeit.

Schritt 10:
Lesen und Überprüfen
Bevor nun im letzten Schritt ein Lernbeweis in das Portfolio eingestellt wird, werden die Pädagogen aufgefordert, alle eingegebenen Informationen noch einmal zu prüfen, um Fehler zu vermeiden.

Schritt 11:
Abschicken
Jetzt muss auf den Button »Daten verbindlich abschicken« geklickt werden, und der Lernbeweis ist im Portfolio gespeichert. Nachdem der Eintrag abgeschickt wurde, erscheint er direkt im Portfolio des jeweiligen Kindes und unter dem ausgewählten Bildungsbereich. Hier können die Eintragungen sowie Fotos und Videos nun direkt angesehen werden; sie sind jetzt dauerhaft verfügbar.

Schritt 12:
Lesen, anschauen und darüber sprechen
Dank der einfachen Bedienbarkeit ist es auch den Kindern möglich, die Aufnahmen in ihrem eigenen Portfolio jederzeit anzuschauen. Oft stellt auch dies bereits wieder einen spannenden Lernschritt dar. Wenn ein Kind zum Beispiel seine eigenen Thesen zu einem vor sechs Monaten durchgeführten und dokumentierten Experiment hört und nun bewerten kann, ob die damaligen Thesen richtig oder falsch waren, ist dies ein wichtiger Schritt zur Bewusstwerdung des eigenen Lernens.

⋯⋗ Darauf achten:
Es ist wichtig, dass jedes Kind regelmäßig sein eigenes Portfolio – am besten gemeinsam mit anderen Kindern oder einem Erzieher – betrachtet.

Die Statistikfunktion

Die Zuordnung der Einträge zu den Stufenblattzielen ermöglicht im Anschluss eine einfache und übersichtliche Auswertung der Portfolios der einzelnen Kinder und Gruppen. Mit nur wenigen Klicks erhalten die Pädagogen einen Überblick darüber, wie viele Ziele in den einzelnen Bildungsbereichen bereits erreicht und dokumentiert wurden. Diese Informationen können die Erzieherinnen und Erzieher bei der Planung neuer Angebote für die Gruppe nutzen. Zusätzlich können die Pädagogen auswerten, welche Ziele und Stufen die einzelnen Kinder bereits erreicht und abgeschlossen haben. Diese Übersicht ermöglicht Leitungskräften gleichzeitig auch eine Kontrolle über die Nutzung des Portfolios in ihrer Einrichtung.

KAPITEL 8:
EIN STARKES DREIER-TEAM:
ERZIEHERIN, KIND UND FAMILIE

In diesem Kapitel gehen wir darauf ein, wie sich die Kommunikationsbeziehung zwischen Elternhaus und Kindereinrichtung verändert. Wir beschreiben, welchen Anteil die digitalen Medien und neue Softwarelösungen, wie zum Beispiel das digitale Portfolio, daran haben. Wir erklären, wie der Kindergarten mit dieser Situation umgehen muss und wo Veränderungs- oder Weiterentwicklungsbedarf besteht.

Erziehungspartnerschaft im digitalen Zeitalter?

Der Begriff »Erziehungspartnerschaft« macht deutlich, dass Kindergartenkinder im Spannungsfeld doppelter Erziehungs- und Bildungsbemühungen stehen: Da sind auf der einen Seite die Eltern, die familiären Besonderheiten und Gepflogenheiten, die auf das Kind einwirken, und auf der anderen Seite der Kindergarten mit seinen Strukturen, Ritualen und Bildungsangeboten. Damit zwischen diesen beiden Systemen eine Zusammenarbeit gelingen kann, ist eine gut strukturierte Abstimmung auf der Grundlage eines zeitnahen und intensiven Austausches nötig.

In diesem Spannungsfeld befinden sich Kindereinrichtungen seit jeher. Eine erfolgreiche Kooperation mit den Eltern findet leider viel zu selten statt, und die Zusammenarbeit zwischen Elternhaus und Kindergarten bleibt eine schwierige Aufgabe. Die digitale Revolution hat die Art und Weise, wie Menschen kommunizieren, stark verändert und verändert diese weiterhin – auch in Kindergärten. So wird zum Beispiel die Vermittlung von Informationen an Eltern technisch leichter. Die Kommunikation auf der Beziehungsebene wird jedoch noch einmal schwieriger. Das liegt vor allem daran, dass die Veränderung der Kommunikationsmittel und Gepflogenheiten nicht alle Generationen gleichzeitig und in gleichem Umfang erfasst: Während ältere Menschen sogar hin und wieder noch Briefe schreiben, die mittlere Generation aktuell auf Facebook aktiv ist und junge Menschen lieber Instagram und Snapchat benutzen, ist der Kindergarten noch an Kommunikationsmedien wie E-Mail und Telefon gebunden. Zudem ist zu beobachten, dass sich die Gewohnheiten und damit die informellen Regeln zur Kommunikation in jeder Generation

unterschiedlich entwickeln. Beispielhaft sei hier das intensive Chatten junger Menschen genannt. Diese finden es gar nicht ungewöhnlich, ständig hin- und herzuschreiben und dabei auf direkte Gespräche zu verzichten. Wer an diese Kommunikationsart gewöhnt ist, erwartet von seinem Gegenüber eine prompte Antwort unabhängig vom Thema und fühlt sich nicht ernst genommen, wenn diese nicht kurzfristig kommt.

Dieses Beispiel macht das Konfliktpotenzial deutlich, welches in der Entwicklung von Kommunikationstechnologien und den daraus resultierenden Veränderungen im Verhalten der Menschen liegt.

Es ist allgemein bekannt, dass es schwierig ist, Kindergärten per Telefon zu erreichen, da die Leiterin meistens im Haus unterwegs ist und gar nicht die Zeit hat, ans Telefon zu gehen. Der E-Mailverkehr konnte hier bislang gut Abhilfe schaffen:

Eltern oder Interessenten können eine Mail schreiben, wenn das Kind krank ist, ein Kitaplatz gesucht wird oder man eine Frage an die Leitung hat. Seit einiger Zeit bekommt es der Kindergarten nun aber zunehmend mit einer Elterngeneration zu tun, die sich vorrangig im Chat austauscht. Diese Eltern erwarten nun, dass auch auf eine Mail prompt geantwortet wird. Passiert dies nicht, kommt es zu Unmut, Vorwürfen und Beschwerden. Es ist also an der Zeit, dass der Kindergarten seine Kommunikationsregeln an diese neue Situation anpasst.

Wie geht es dir, wenn ich nicht da bin?

Kindereinrichtungen sind ein die Lebensqualität und das Lebensumfeld von Familien bestimmender Faktor. Kein Wunder also, dass Eltern am Kindergartengeschehen teilhaben wollen! Erzieherinnen müssen sich klar machen, dass die Entwicklung der Kinder von Eltern und Einrichtung gleichermaßen beeinflusst wird. Kinder werden in Institutionen ebenso groß wie zu Hause. Da ist es nur natürlich, dass gemeinsame Verpflichtungen bestehen,

Unsere Kommunikationsregeln

Liebe Eltern,

wir Erzieherinnen und Erzieher betreuen ihre Kinder. Wir hoffen deshalb auf Ihr Verständnis dafür, dass wir nicht zu jeder Tageszeit ans Telefon gehen können. Bitte schreiben Sie am besten eine E-Mail, um uns Ihre Informationen und Anfragen zu senden, falls wir telefonisch gerade nicht erreichbar sein sollten. Wir bitten Sie jedoch um Verständnis dafür, dass wir auf Ihre Mails nicht nach wenigen Minuten antworten können. In der Mittagszeit und zum Feierabend beantworten wir ihre Emails selbstverständlich gerne, ausserhalb dieser Zeiten ist uns dies leider nicht möglich.

Wir Erzieherinnen und Erzieher verpflichten uns gerne, Ihnen auf den offiziellen Wegen am gleichen zu Tag zu antworten. Aber von Eltern initiierte Facebook- oder Whats-App-Gruppen sind als Kommunikationsmedium für uns Tabu. Der Hintergrund ist, dass wir sicher gehen möchten, dass sich private und berufliche Themen nicht in unserer Arbeit vermischen. Wir möchten Sie bitten, keine Erzieherinnen und Erzieher aus unserem Team zu Ihren Gruppen einzuladen. Wir werden solche Einladungen ablehnen.

Wir Erzieherinnen und Erzieher legen großen Wert auf eine direkte Kommunikation mit Ihnen. Daher bevorzugen wir auch persönliche Gespräche. Es ist uns ein großes Anliegen, dass Sie unsere Elternabende und Elterngespräche besuchen. Diese persönlichen Treffen sind wichtig für uns, um Themen mit der notwendigen Zeit und Ruhe anzusprechen. Elternrundmails alleine können Ihnen nicht alle wichtigen Informationen bereitstellen. Wir legen Wert auf einen „direkten Draht" zu Ihnen!

Wir Erzieherinnen und Erzieher verbringen den Tag in erster Linie mit Ihren Kindern. Wir fördern deren soziale und sprachliche Fähigkeiten am besten, indem wir Zeit mit ihnen verbringen, viel mit den Kindern sprechen und ihnen unsere Aufmerksamkeit schenken. Aus diesem Grund verzichten wir auf die Benutzung unserer Smartphones zum Nachrichten schreiben oder Emails beantworten im Gruppenraum. Wir möchten auch Sie bitten, ihre Zeit mit den Kindern so direkt wie möglich zu verbringen und dafür die Kommunikationstechnik weg zu legen.

Herzlichen Dank für Ihr Mitwirken!

Gemeinschaft gelebt und Verantwortung geteilt werden muss. Hier steht der Kindergarten vor einer großen Herausforderung.

Eltern wollen und sollen wissen, was das Kind den Tag über im Kindergarten tut, was es lernt, mit wem es spielt und welche Vorlieben und Talente sich gerade zeigen. Es ist daher notwendig, dass der Kindergarten über geeignete Informationsstrukturen und Methoden verfügt, die den Alltag der einzelnen Kinder gegenüber ihren Eltern transparent machen.

Den Eltern geht es in erster Linie darum, über geplante Aktivitäten informiert zu werden, da sie ihren Alltag darauf abstimmen müssen. Ihnen ist es wichtig, zu wissen, wann das Kind Sport hat, wann es ins Atelier oder gar zum Schwimmen geht. Sie müssen ihrem Sprössling für diese Aktionen bestimmte Kleidung mitgeben oder wissen, dass eine Atelierstunde ansteht und sie ihrem Kind hierfür nicht das beste Kleid anziehen sollten, mit dem es am Nachmittag noch zu Omas rundem Geburtstag gehen soll.

Eltern wollen wissen, was den Tag über im Kindergarten geschieht. Damit hier keine Unzufriedenheit aufkommt, fertigen viele Einrichtungen Tages- oder Wochenrückblicke an, auf denen die Eltern ihre Kinder in Aktion sehen können.

Erzieherinnen sollten wissen, dass Eltern ihre Kinder genau beobachten und schon bei der kleinsten Ungereimtheit der Gedanke aufkommt, im Kindergarten sei etwas nicht in Ordnung. Je besser der Kindergarten die Eltern informiert, umso weniger kommt es zu möglichen Horrorfantasien seitens der Eltern.

Elternzusammenarbeit mithilfe des digitalen Portfolios

Zwischen Kindern, Eltern und der Kita eine Erziehungs- bzw. Bildungspartnerschaft aufbauen – so lautet seit Jahren eine der zentralen Forderungen der frühkindlichen Forschung. Dem Portfolio kann dabei als Medium und als Basis der gemeinsamen Kommunikation eine zentrale Rolle zukommen.

Neben den bereits aufgezeigten Vorteilen der digitalen Entwicklungsdokumentation stellt der durch die Digitalisierung des Portfolios barrierefrei gewordene Zugang zum Portfolio des eigenen Kindes eine der bedeutendsten Entwicklungen dieser Methode der letzten Jahre dar.

In der bisherigen Portfolioarbeit stehen Erzieherinnen regelmäßig vor der Frage, wie sie das Portfolio den Eltern zugänglich machen und gleichzeitig den Datenschutz für die Portfolios der anderen Kinder sicherstellen können. In der Bring- und Abholsituation bleibt kaum Zeit für ein ausführliches Gespräch über das Portfolio des Kindes. Viele Kitas haben sich dazu entschlossen, den Eltern das Portfolio ihrer Kinder regelmäßig über das Wochenende mit nach Hause zu geben. Die Eltern ein- bis zweimal pro Kitajahr zu kindzentrierten Elterngesprächen einzuladen, die anhand des Portfolios geführt werden, ist ebenfalls ein etabliertes Ritual. Leider fällt es vielen Eltern schwer, diese Termine mit ihrem Arbeitsalltag in Einklang zu bringen. Deshalb nehmen oft nicht alle Eltern an diesen Gesprächen teil, was dazu führt, dass sie das Portfolio ihres Kindes nicht regelmäßig ansehen können. Manche Erzieherinnen beklagen dies und unterstellen den Eltern Desinteresse.

Das digitale Portfolio passt die Portfoliomethode den Kommunikationsformen und der Art und Weise, wie Menschen sich heute Informationen beschaffen, an. Dies ist auch notwendig, denn gerade die Kommunikationskultur hat sich in den letzten Jahren grundlegend geändert. Dank Smartphones und Tablets ist der Zugriff auf alle gewünschten Informationen jederzeit und von jedem Ort aus möglich. So haben Eltern heute den Wunsch, sich dann über die Entwicklung ihres Kindes zu informieren, wenn es in ihren Alltag passt. Mit einer digitalen Entwicklungsdokumentation können die Eltern nunmehr zu selbst gewählten Zeiten auf das Portfolio ihres Kindes zugreifen. So ist ein Blick auf neue Einträge zum Beispiel in der Mittagspause, auf dem Weg zur Arbeit oder abends vor dem Fernseher möglich.

Mit dem Kitaportfolio wird den Eltern die Möglichkeit gegeben, sich direkt in das Portfolio ihres Kindes einzuloggen. Sie erhalten dabei Zugriff auf das individuelle Portfolio ihres Kindes, können sich hier alle Inhalte ansehen und zusätzlich auf der Gruppen- und Kita-Ebene alle freigegebenen Informationen wie zum Beispiel Fotogalerien, Tagesrückblicke, Jahres- und Speisepläne aufrufen.

AUS DER PRAXIS

Von 360-Grad-Kameras und digitalen Bilderrahmen

Viele Kindereinrichtungen versuchen, die Entwicklungen der digitalen Welt zu nutzen, um Eltern besser zu informieren. Dabei orientieren sie sich allzu oft an Elternkritik und leiten daraus ab, was Eltern unter einer besseren Information verstehen könnten. Hier kommt es häufig zu Missverständnissen, die überzogene Maßnahmen oder komplett kontraproduktive Aktivitäten nach sich ziehen können. Auf solchen Fehleinschätzungen beruht wohl eine App, mit deren Hilfe sich Eltern in Südkorea jederzeit in das Kitageschehen einloggen können. Mithilfe von 360-Grad-Kameras werden die Räume der Kita pausenlos überwacht. Die Eltern loggen sich mit einem Passwort ein und sehen, was in der Kita gerade geschieht. Die meisten öffnen parallel dazu ihr E-Mail Programm, um der Erzieherin Hinweise zu der beobachteten Situation zu geben, sich darüber zu beschweren, dass ihr Kind in diesem Moment nicht genug gefördert wird oder die Erzieherin es gerade nicht ausreichend beachtet.

Die abgemilderte Form dieser Echtzeitbeobachtung ist das tägliche Einstellen von Tagesfotos zu festen Uhrzeiten. Die Erzieherinnen nutzen hier eine App, die ähnlich funktioniert wie im oben beschriebenen Beispiel, nur dass hier keine Kamera im Spiel ist, die live ins Internet sendet. Dafür sind die Pädagogen verpflichtet, regelmäßig zu verschiedenen Zeiten am Tag, die sich an den Pausen der elterlichen Arbeitsplätze orientieren, Fotos ins Netz zu stellen. Die Reaktionen der Eltern sind ähnlich wie im obigen Korea-Beispiel: Es gibt stetiges Genörgel an den Aktivitäten der Erzieherinnen. Beide Anwendungen geben Eltern wenig Auskunft über die Entwicklung ihrer Kinder oder die pädagogische Qualität der Einrichtung, verleiten aber dazu, die Arbeit der Erzieherinnen zu überwachen und zu kritisieren.

In vielen Kindergärten versucht man, sich mit digitalen Bilderrahmen zu behelfen. Diese werden in den Garderoben oder im Flur an die Wand geschraubt und mit Bildern vom Tag geschmückt. In kurzen zeitlichen Intervallen wechseln die Bilder. Meist werden diese vorher weder sortiert noch auf ihren Wert hin untersucht. Es wechseln sich auf der Seite liegende Hochformate mit unscharfen Querformaten ab. Die Eltern müssen lange warten, bis sie einen Blick auf ihr Kind erhaschen. Viele haben in der Abhol- und Bringsituation gar keine Zeit, lange vor dem Bilderrahmen auszuharren. Das Bestücken des Bilderrahmens mithilfe eines USB-Sticks ist umständlich und zeitaufwendig. Daher vernachlässigen viele Einrichtungen die Bilderrahmen, die dann häufig wie tote schwarze Augen an den Wänden baumeln oder nach kurzer Zeit wieder abgenommen werden.

Doch was heißt es nun eigentlich, Eltern richtig zu informieren? Hier gibt es einige Dinge zu beachten: Oft orientieren sich die Erzieherinnen bei der Darstellung der Ergebnisse der eigenen Arbeit an den Wünschen der Eltern und verlieren dabei die Kinder aus dem Blick: Beim Gestalten des Portfolios hat die Erzieherin den erhofften Stolz in den Elternaugen vor sich, nicht aber die Wahrnehmung der Kinder, die ja damit eigentlich in erster Linie bestärkt werden sollen. Das Ziel, ein gutes Gefühl bei den Eltern zu erzeugen, beeinflusst oft die Gestaltung scheinbar harmloser Situationen. »Nachdem Sie gegangen sind, hat sich Luis schnell wieder beruhigt«, heißt es dann, obwohl ein ehrliches Gespräch über eine gemeinsam veränderte Übergabesituation sinnvoller gewesen wäre.

Die Kommunikation der Erzieherinnen gegenüber den Eltern sollte sich stets auf das jeweilige Kind beziehen und nicht darauf, was im Kindergarten über den Tag so alles schief gegangen ist. Dies ist eine der wichtigsten Regeln, nicht nur, sobald digitale Medien in der Elternkommunikation eingesetzt werden. Dabei geht es nicht nur um den Datenschutz, wenn Erzieherinnen daran erinnert werden, mit den Eltern stets nur über deren eigenes Kind zu sprechen. Sind Sinn und Hintergrund zum Beispiel einer Tagesdokumentation nicht klar, kann es passieren, dass Eltern diese missverstehen und sich darüber beschweren, dass ihr Kind weniger häufig auf den Fotos zu sehen ist als andere Kinder. Sie werden sich darüber ärgern, dass ihr Kind auf der letzten Aufnahme ein schmutziges T-Shirt getragen hat oder mit ungekämmten Haaren abgebildet worden ist.

Das kann auch bei der Arbeit mit dem digitalen Portfolio eine Rolle spielen. In einem System, in dem immer weniger mit Texten und dafür umso mehr mit Fotos kommuniziert wird, ersetzt das Foto mehr und mehr den Inhalt des Textes. Fotos werden weitaus genauer und damit auch kritischer betrachtet als noch vor einigen Jahren. In der Kita »Wühlmäuse« gab es ein großartiges Gartenprojekt: Die Kinder legten gemeinsam mit ihrer Erzieherin ein Kräuterbeet an. Im Wochenrückblick fanden sich viele Fotos von dieser Aktion. Doch statt sich über das Projekt zu freuen, sah Max' Mutter auf dem Foto, dass die Jacke ihres Sohnes nicht geschlossen war. Sie beschwerte sich bei der Aufsichtsbehörde. Diese Geschichte zeigt, wie wichtig es ist, sich die Fotos genau und auch aus der Perspektive der Eltern anzuschauen, bevor sie veröffentlicht werden. Kindergärten müssen für die Dokumentationsarbeit mit Kinderfotos also gute Regeln aufstellen.

Eine Tagesdokumentation wird nur dann zur Elternzufriedenheit beitragen, wenn sie diesen wichtige Informationen über das Lernen und die Entwicklung des eigenen Kindes vermittelt. Besser ist es, die durch die Nutzung digitaler Medien gewonnene Zeit dafür zu nutzen, die Dokumentationen so aufzubauen, dass sie die Eltern mit auf die Entwicklungsreise des eigenen Kindes nehmen. Denn Lernen ist ein spannendes Abenteuer! Dies gilt es durch Entwicklungsdokumentationen, Tages- oder Wochenrückblicke sowie Projektdokumentationen widerzuspiegeln.

Die durch die Nutzung digitaler Medien gewonnene Zeit für zwischenmenschliche Beziehungen nutzen

Eine wichtige Regel lautet: Wird ein vorher zwischenmenschlich abgehandelter Vorgang digitalisiert, muss die frei werdende Zeit für die Intensivierung zwischenmenschlicher Beziehungen genutzt werden.

Die Dokumentationsarbeit im Kindergarten kann mit digitalen Medien stark vereinfacht werden. Wir schätzen, dass jede Erzieherin in der Woche bis zu zwei Stunden Zeit einsparen kann, wenn sie aktiv mit digitalen Medien arbeitet. Hält man sich vor Augen, dass in den meisten Kindergärten im Büro der Leiterin ein Computer mit einem Drucker steht und sonst keine weiteren technischen oder digitalen Geräte in der Kita vorhanden sind, ist die Ausgangssituation für zeitsparende Dokumentationen noch nicht besonders gut. Die Erzieherin hat ihre Tagesdokumentation vielleicht mit einer Digitalkamera aufgenommen und muss nun warten, bis sie ein Zeitfenster im Büro erwischt, um die Fotos auszudrucken, auszuschneiden, ins Portfolio zu kleben und manuell den Text zu ergänzen. Will sie das täglich für ihre durchschnittlich zwölf bis 15 Kinder tun, verschwendet sie eine Menge Zeit mit dieser Tätigkeit.

Kindergärten, die sich auf den Weg machen, die digitalen Neuerungen sinnvoll im pädagogischen Alltag einzusetzen, können den Eltern versprechen, sie jeden Tag aktuell und zeitnah darüber zu informieren, was das eigene Kind gelernt, erlebt und den Tag über im Kindergarten getan hat. Wer ein solches Versprechen gibt, sollte sich aber auch unbedingt daran halten! Die kluge Benutzung digitaler Geräte macht es möglich.

Im Kindergarten geht es um Beziehungen – die Qualität eines Kindergartens hängt enorm von der Beziehungsarbeit der Akteure ab. Wie intensiv kann die Beziehung zwischen den Kindern und der Erzieherin gestaltet werden? Wie gut gelingt die Beziehungsarbeit zwischen Eltern und Pädagogen? Diese Kernfragen stehen im Mittelpunkt. Durch die

Digitalisierung von Prozessen wird Zeit gewonnen, mit der sorgfältig umzugehen ist. Es wäre fatal, würde eine Kita die Kinder mit Vorlese-Apps und digitalen Lernspielen beschäftigen, um mehr Zeit für Verwaltungsarbeiten zu haben. Umgekehrt wird ein Schuh draus: Verwaltung sollte digitalisiert werden, damit Zeit gewonnen wird, die dem Miteinander von Kindern und Pädagogen zugutekommt. Auch in der Zusammenarbeit mit den Eltern darf beim Einsatz digitaler Medien nichts überstürzt werden. Läuft die Kommunikation nur noch digital und wird deshalb auf die Rituale persönlicher Begegnung verzichtet, schadet dies der Beziehung. Die durch digitale Tagesrückblicke und Portfolios gewonnene Zeit sollte lieber dafür genutzt werden, ein Tür-und-Angel-Gespräch mehr zu führen oder ein zusätzliches Elternfest zu organisieren.

Kindergärten sind mitten in der digitalen Welt angekommen und müssen sich damit auseinandersetzen. Dabei ist es hilfreich, folgende Punkte zu beachten:

1. Im Netz ist niemand allein
Pädagogen wissen, dass sie in den sozialen Medien auch den Eltern aus ihrer Einrichtung begegnen können, und berücksichtigen dies bei der Auswahl ihrer Posts und Statements.

2. Das Internet vergisst nie
Pädagogen sollten stets gründlich überlegen, was sie über sich selbst oder über die Einrichtung posten. Es könnte bei anderen ganz anders ankommen, als es gemeint ist. Kita-Teams sollten sich darauf einigen, sich niemals über dienstliche Themen und Auseinandersetzungen im Netz auszulassen.

3. Mobbing ahnden
Mobbing von Teammitgliedern, Eltern oder Kindern im Netz muss von Leitungspersonen oder Trägern genauso geahndet werden wie im realen Leben.

4. Regeln aushandeln und einhalten
In der Kita sollte zwischen Eltern und Pädagogen ein »Wertegrund« für den Umgang mit digitalen Medien ausgehandelt und gelebt werden.

5. Auf Augenhöhe kommunizieren
Alle Erwachsenen sprechen sich als Erwachsene an und agieren erwachsen, und zwar im realen Leben genauso wie in der virtuellen Welt.

6. Persönlich ist immer besser
Digitale Medien sind Werkzeuge, die den Menschen und seine sozialen Beziehungen stärken, aber nicht ersetzen können. Trotz verlockender Vereinfachungen mit digitaler Technik gilt im Kindergarten immer noch die Regel: Persönlich geht's am besten!

7. Professionell bleiben
Ob beim Tür-und-Angel-Gespräch, am Telefon, per Email oder WhatsApp-Nachricht – für alle Beteiligten ist es wichtig, stets professionell zu bleiben.[9]

---

9) In diesem Kapitel beziehen wir uns auf das Buch »Eltern in Krippe und Kita gut informieren« (Bananenblau 2017), welches wir auch zum Weiterlesen empfehlen möchten.

KAPITEL 9:
AUF EIN WORT ZUM DATENSCHUTZ

Das Thema Datenschutz wird in vielen Kindereinrichtungen heftig diskutiert. Dies geschieht leider häufig auf der Basis von fehlendem oder mangelndem Fachwissen, Fehldeutungen und Geschichten, die wie urbane Mythen von Erzieherin zu Erzieherin weitergegeben und dabei immer mehr modifiziert werden: »Der Onkel des Freundes meiner Freundin hat neulich erzählt ...« Dabei fällt uns auf: Viele Kindergärten nutzen das umstrittene Thema Datenschutz auch, um lästige oder vermeintlich zeitaufwendige Tätigkeiten, wie zum Beispiel die Entwicklungsdokumentation, nicht ausführen zu müssen oder unliebsame Entwicklungen wie die Benutzung digitaler Medien aus dem Kindergarten herauszuhalten. Dabei müssen wir eingestehen, dass es für viele pädagogisch wichtige Dokumentationen und Veröffentlichungen keine im Kindergarten anwendbaren Regeln gibt. Das Grundgesetz gewährt jeder Bürgerin und jedem Bürger das Recht, selbst über Verwendung und Preisgabe der persönlichen Daten zu bestimmen (Grundrecht auf informationelle Selbstbestimmung). Geschützt werden also nicht Daten, sondern die Freiheit der Menschen, selbst zu entscheiden, wer was wann und bei welcher Gelegenheit über sie weiß.

Trotzdem ist Datenschutz im Kindergarten kein Hexenwerk. Es geht ganz einfach nur darum, die personenbezogenen Daten – sei es von Kindern oder Erwachsenen – sicher aufzubewahren und keinem Unbefugten zugänglich zu machen. Dies betrifft vor allem die Aufbewahrung der Kinderakten im Büro der Leiterin.

Trotz des großen Respektes, den der Kindergarten allgemein vor dem Datenschutz hat, wird in deutschen Kindereinrichtungen millionenfach gegen den Datenschutz verstoßen: Geburtstagskalender, die neben dem Foto des Kindes Vor- und Nachnamen und außerdem noch das Geburtsdatum preisgeben, sind das wohl am weitesten verbreitete Datenschutzproblem. Hätten Sie's gewusst, liebe Leitungen und Erzieherinnen? Der vollständige Name des Kindes, der zusammen mit einem Porträtfoto an der Garderobe angebracht wird, ist genauso problematisch wie öffentlich ausliegende Anwesenheitslisten oder in offen zugänglichen Elternbriefkästen befindliche Rechnungen. Gerade hochbesorgte Eltern akzeptieren die offen herumliegenden Kinderanwesenheitslisten, wehren sich aber gegen die im Kindergarten neu eingeführte digitale Anwesenheitserfassung der Erzieherinnen und Kinder und begründen dies damit, dass sie sich Sorgen um den Schutz der Daten machen. Plötzlich berichten Erzieherinnen davon, dass es ihnen verboten ist, mit dem Handy im Kindergarten zu fotografieren – denn das verstößt angeblich gegen den Datenschutz.

Unter der Flagge des Datenschutzes wird vieles blockiert. Das Wort ist ein Totschlagargument geworden. Umso wichtiger ist es hier, die Pädagogen fortzubilden, gegen Mythen vorzugehen und sauber zu kommunizieren. Das Fotografieren allein ist kein Problem – und schon gar kein Datenschutzproblem. Zum Problem wird es erst, wenn das Foto eines Kindes ohne Erlaubnis veröffentlicht wird. Dies ist dann aber immer noch kein Datenschutzproblem, sondern die Verletzung des Rechtes am eigenen Bild.

Hier ist vieles durcheinandergeraten. Das Fotografieren in Kindergärten war jahrzehntelang eine absolute Selbstverständlichkeit, und vor allem die Eltern knipsten zu jedem Anlass, was das Zeug hielt. Das Recht auf den Schutz des eigenen Bildes gab es damals auch schon. Heute wird mit diesem Recht gespielt und gehandelt. Eltern tragen ihren Ehezwist damit aus, dass abwechselnd das eine oder das andere Elternteil dem Kindergarten verbietet,

die Fotos des Kindes zu benutzen. Manche Eltern verlangen Geld vom Kindergarten, wenn die Leiterin ein Foto der Kindergruppe für eine Projektveröffentlichung in der Regionalzeitung verwenden möchte. Kommt die Presse in den Kindergarten, wird ein unglaublicher Verwaltungsaufwand mit Fotoerlaubnissen betrieben, bevor überhaupt ein Artikel entstehen kann. Gleichzeitig posten Eltern aber Fotos und Videos ihrer Kinder zum Beispiel auf Facebook oder Instagram, vermarkten ihre Kinder wie neue Stars auf YouTube oder Snapchat. Von ernsthaften Datenschutzbedenken ist dann plötzlich keine Spur mehr.

Was bedeutet das alles nun für das digitale Portfolio? Ein digitales Portfolio ist eine Datenbank, die gesichert auf einem Server liegt, der in einem Rechenzentrum steht. Dieses Rechenzentrum sollte sich unbedingt in Deutschland befinden, sich verpflichtet haben, nach deutschem Recht die Daten zu schützen und von der Datenaufsicht regelmäßig kontrolliert werden.

Das Fotografieren der Kinder ist so lange kein Problem, wie die Fotos für die pädagogische Dokumentation – also das Portfolio – verwendet werden und alle Eltern eine entsprechende Erlaubnis gemeinsam mit dem Betreuungsvertrag unterschrieben haben.

Liebe Erzieherinnen, machen Sie das Thema Datenschutz nicht größer, als es ist, und nutzen Sie es bitte auch nicht, um sich dahinter zu verstecken.[9]

> **Vertragspassus zur Fotodokumentation**[10]
>
> **Bild- und Filmaufnahmen der Kinder**
> Die Erziehungsberechtigten geben ihre Einwilligung zur filmischen oder fotografischen Aufnahme des Kindes während der Betreuung. Solche Aufnahmen dienen der Bildungs- und Entwicklungsdokumentation der Kinder und sind Eigentum des Trägers. Sollen Aufnahmen insbesondere für kommerzielle Zwecke des Trägers genutzt werden, wird der Träger vorab eine entsprechende Einwilligung der Erziehungsberechtigten einholen. Der Träger sichert zu, dass Aufnahmen archiviert und bei fehlender Verwendungsabsicht vernichtet werden.
>
> Darüber hinaus ist die Zulässigkeit von Bild- und Filmaufnahmen in den Einrichtungen in der Hausordnung geregelt.

10) Dieser Passus ist dem Buch »Eltern in Krippe und Kita gut informieren« (Bananenblau 2017) entnommen. Wir finden ihn so wichtig, dass wir ihn auch in diesem Buch nicht missen wollen.

SCHLUSSWORT

Man muss gar nicht alle Entwicklungsschritte auf einmal gehen. Vielen wird es schon helfen, Elterninformationen mit einer App wie zum Beispiel PicCollage am Tablet zu erstellen, auszudrucken und auszuhängen. Ähnlich verhält es sich mit dem Portfolio. Viele Apps eignen sich zur Erstellung von Portfolioseiten, die dann ausgedruckt und abgeheftet werden können. Es ist auch möglich, die in unseren Büchern veröffentlichten Portfolioformulare in einem Schreibprogramm zu speichern und bei Bedarf auszufüllen, dann zu drucken und abzuheften.

Die viel diskutierte Technik ist einfach nur ein Werkzeug, welches – richtig angewendet – in vielen pädagogischen Zusammenhängen weiterhilft. Gegebenheiten in der Gesellschaft verändern sich. Erzieherinnen sollten die Chancen der technischen Geräte, die sie ohnehin in ihren Handtaschen mit sich herumtragen, nutzen, um Zeit für die so wichtige pädagogische Arbeit mit den Kindern und die Kooperation mit den Eltern zu gewinnen.

AUTOREN

Antje Bostelmann
Antje Bostelmann ist ausgebildete Erzieherin und bildende Künstlerin. 1990 gründete sie Klax, anfangs als private Malschule und Nachmittagsbetreuung mit künstlerischem Schwerpunkt, heute ein überregionaler Bildungsträger mit Krippen, Kindergärten und Schulen in Deutschland und Schweden. Sie entwickelte die Klax-Pädagogik, ein modernes pädagogisches Konzept, welches das Kind in den Mittelpunkt der pädagogischen Arbeit stellt und das allen Einrichtungen von Klax zu Grunde liegt. Sie entwickelt Lern- und Spielmaterialien für die Arbeit in Kindergarten und Krippe und gibt als Referentin bei Kongressen, Workshops und Fortbildungen ihre Erfahrungen und Ideen weiter. Seit 1995 hat sie zahlreiche pädagogische Fachbücher veröffentlicht, darunter viele Bestseller. Antje Bostelmann ist Mutter von drei Kindern und lebt in Berlin.

Dr. Christian Engelbrecht
Christian Engelbrecht hat Literatur- und Theaterwissenschaft an der Universität Leipzig studiert und wurde zum Dr. phil promoviert. Er hat anschließend als Theaterdramaturg, Theaterpädagoge und als Hochschuldozent gearbeitet. Er ist Mitarbeiter in der pädagogischen Entwicklung bei Klax.

Gerrit Möllers
Gerrit Möllers studierte an der Universität Münster Pädagogik als Unterrichtsfach sowie Geographie, Soziologie und Geschichte auf Lehramt. Als Dozent hält er regelmäßig Seminare zu den Themen Kommunikation, Führungsverhalten und Qualitätsmanagement. Seit 2011 ist Gerrit Möllers bei Klax tätig. Seine besonderen Interessen sind bildungsphilosophische Theorien und die Nutzung digitaler Medien in Bildungszusammenhängen. Er ist verheiratet und lebt in Berlin.

ZUM WEITERLESEN

Antje Bostelmann, Christian Engelbrecht
Eltern in Krippe und Kita gut informieren. Arbeitshilfen und Vorlagen für den Einsatz digitaler Medien in der Elternarbeit
Bananenblau 2017
ISBN 978-3-942334-49-5

Antje Bostelmann (Hrsg.)
Stufenblätter für Kita und Kindergarten. Das Arbeitsmaterial für die individuelle Entwicklungsplanung mit dem Portfolio
Bananenblau 2010
ISBN 978-3-942334-02-0

Antje Bostelmann (Hrsg.)
Stufenblätter für die Krippe. Das Arbeitsmaterial für die individuelle Entwicklungsplanung mit dem Portfolio
Bananenblau, 3. Auflage 2014
ISBN 978-3-942334-01-3

Antje Bostelmann (Hrsg.)
Das Portfolio-Konzept für die Krippe
Verlag an der Ruhr 2008
ISBN 978-3-8346-0413-2

Antje Bostelmann (Hrsg.)
So gelingen Portfolios in der Krippe
Verlag an der Ruhr 2009
ISBN 978-3-8346-0466-8

Antje Bostelmann (Hrsg.)
Das Portfolio-Konzept für Kita und Kindergarten
Verlag an der Ruhr 2007
ISBN 978-3-8346-0199-5

Antje Bostelmann (Hrsg.)
So gelingen Portfolios in Kita und Kindergarten
Verlag an der Ruhr 2007
ISBN 978-3-8346-0322-7

ANHANG | FORMULARE

Alle Formulare können Sie hier herunterladen:
www.bananenblau.de/das-portfolio-konzept-digital

Regeln zur Nutzung privater Smartphones und Tablets im Kita-Alltag

1. Dienstlich vor privat
Es ist immer besser, ein dienstliches Gerät zu nutzen. Wenn der Träger ein solches Gerät zur Verfügung stellt, sollte das private Gerät nicht verwendet werden.

2. Speicher sparen
Alle Fotos und Videos aus dem Kita-Alltag werden am Ende des Kitatages durchgesehen. Aufnahmen, die verwackelt, doppelt oder aus anderen Gründen nicht nutzbar sind, werden direkt gelöscht.

3. Daten schützen
Alle Aufnahmen, die Sie in das Portfolio eines Kindes stellen möchten, laden Sie umgehend in das digitale Portfolio hoch. Damit sind diese Daten sicher abgelegt und gleichzeitig für alle Erzieherinnen und Erzieher ihrer Einrichtung verfügbar.

4. Überprüfen
Hat das Hochladen funktioniert? Sind wirklich alle Aufnahmen, die Sie ausgewählt haben, in der Datenbank vorhanden? Durch eine kurze Überprüfung können Sie sicherstellen, dass keine Information verloren geht.

5. Löschen
Löschen Sie täglich alle Bilder und Videos aus dem Kita-Alltag von Ihrem Gerät, bevor Sie die Einrichtung verlassen. So wird sichergestellt, dass auch bei Verlust Ihres Gerätes alle Kinderdaten zu jeder Zeit sicher sind.

6. Täglich am Dienstende
Der gesamte Prozess dauert maximal fünf Minuten. So, wie Sie Ihre Kleidung wechseln, muss das Auswählen, Hochladen und Löschen der Aufnahmen zur Routine in Ihrer Einrichtung werden.

Elterninformation
zum Einsatz des digitalen Portfolios

Vor der Einführung einer digitalen Entwicklungsdokumentation in Ihrer Kita müssen Sie die Eltern über alle wichtigen Punkte informieren. So stellen Sie sicher, dass alle Beteiligten über die richtigen Informationen verfügen und sich sachlich über das Thema austauschen können. Fehlende Informationen führen schnell zu Gerüchten und einem Gefühl der Übervorteilung. Wir haben die folgenden Informationen in Form von FAQ (Frequently Asked Questions) – also einer Übersicht über häufig gestellte Fragen zum Thema – aufgebaut:

1. Wo werden die Daten gespeichert?
Alle Daten im Kitaportfolio werden auf einem geschützten Server in Deutschland gespeichert. Damit werden alle Daten auch durch das Deutsche Datenschutzgesetz geschützt. Die Server werden von einem professionellen Serverbetreiber verwaltet, regelmäßig gewartet und gesichert. Den genauen Anbieter und den Standort teilen wir Ihnen gerne auf Nachfrage mit.

2. Wie werden die Daten gesichert?
Die Übertragung der Daten zum und vom Server erfolgt verschlüsselt und geschützt. Hierbei werden die höchsten geforderten Sicherheitsstandards eingehalten. Diese Standards gelten zum Beispiel auch bei Ihrem Internetbanking.

3. Was passiert, wenn eine Erzieherin ihr Handy verliert?
Die Daten werden nicht auf den Geräten der Erzieherinnen und Erzieher oder sonstigen Geräten der Einrichtung gespeichert. Alle Bilder, Videos etc. werden direkt nach dem Hochladen in die Datenbank von den Geräten entfernt. Daher besteht auch bei Verlust eines Gerätes keine Gefahr, dass Fremde auf irgendwelche Daten zugreifen können.

4. Wie erhalte ich Zugriff auf das Portfolio meines Kindes?
Sie erhalten über die Kitaleitung ihren Benutzernamen und ein Startpasswort mitgeteilt. Bei der ersten Anmeldung müssen Sie sich ein neues Passwort vergeben; dieses Passwort kennen nur Sie persönlich.

5. Wer kann alles in das Portfolio meines Kindes schauen?
Auf das Portfolio Ihres Kindes können nur die Erzieherinnen Ihrer Kita und die Erziehungsberechtigten Ihres Kindes zugreifen.

6. Was passiert, wenn mein Kind die Kita verlässt?
Sie können sich bei Austritt aus der Kita entscheiden, ob die Daten Ihres Kindes gelöscht oder weiter erhalten bleiben sollen. Ihr Zugriff auf die Daten Ihres Kindes besteht unbeschränkt fort.

Regeln für die Kommunikation
mit digitalen Medien im Kindergarten

Liebe Eltern,

wir Erzieherinnen und Erzieher betreuen ihre Kinder. Wir hoffen deshalb auf Ihr Verständnis dafür, dass wir nicht zu jeder Tageszeit ans Telefon gehen können. Bitte schreiben Sie am besten eine E-Mail, um uns Ihre Informationen und Anfragen zu senden, falls wir telefonisch gerade nicht erreichbar sein sollten. Wir bitten Sie jedoch um Verständnis dafür, dass wir auf Ihre Mails nicht nach wenigen Minuten antworten können. In der Mittagszeit und zum Feierabend beantworten wir ihre Emails selbstverständlich gerne, ausserhalb dieser Zeiten ist uns dies leider nicht möglich. Wir Erzieherinnen und Erzieher verpflichten uns gerne, Ihnen auf den offiziellen Wegen am gleichen zu Tag zu antworten. Aber von Eltern initiierte Facebook- oder Whats-App-Gruppen sind als Kommunikationsmedium für uns Tabu. Der Hintergrund ist, dass wir sicher gehen möchten, dass sich private und berufliche Themen nicht in unserer Arbeit vermischen. Wir möchten Sie bitten, keine Erzieherinnen und Erzieher aus unserem Team zu Ihren Gruppen einzuladen. Wir werden solche Einladungen ablehnen.

Wir Erzieherinnen und Erzieher legen großen Wert auf eine direkte Kommunikation mit Ihnen. Daher bevorzugen wir auch persönliche Gespräche. Es ist uns ein großes Anliegen, dass Sie unsere Elternabende und Elterngespräche besuchen. Diese persönlichen Treffen sind wichtig für uns, um Themen mit der notwendigen Zeit und Ruhe anzusprechen. Elternrundmails alleine können Ihnen nicht alle wichtigen Informationen bereitstellen. Wir legen Wert auf einen »direkten Draht« zu Ihnen!

Wir Erzieherinnen und Erzieher verbringen den Tag in erster Linie mit Ihren Kindern. Wir fördern deren soziale und sprachliche Fähigkeiten am besten, indem wir Zeit mit ihnen verbringen, viel mit den Kindern sprechen und ihnen unsere Aufmerksamkeit schenken. Aus diesem Grund verzichten wir auf die Benutzung unserer Smartphones zum Nachrichten schreiben oder Emails beantworten im Gruppenraum. Wir möchten auch Sie bitten, ihre Zeit mit den Kindern so direkt wie möglich zu verbringen und dafür die Kommunikationstechnik weg zu legen.

Herzlichen Dank für Ihr Mitwirken!

Geschafft! Gelernt!

Name: _____ So alt bin ich: _____ Datum: _____

Diese Seite hat _____ für mich gestaltet.

Immer, wenn ich etwas Wichtiges dazugelernt habe, wird es hier dokumentiert.

Was habe ich gemacht?

Was habe ich dabei gelernt?

Wie habe ich das gelernt?

Warum ist das wichtig?

Bestätigung der Erzieher _____

DAS PORTFOLIO-KONZEPT DIGITAL | ANHANG

Portfoliokontrollbogen

Name des Kindes: Aufnahmedatum:

	Anzahl Jahr Kiga	Anzahl Jahr Krippe	Jahr:		Jahr:	
			1. Halbjahr	2. Halbjahr	1. Halbjahr	2. Halbjahr
Das bin ich	1	1				
Ich werde älter	1	2				
Das mag ich	1					
Selbstporträt	1					
Meine Gruppe	1					
Meine Familie	1	1				
»Geschafft! Gelernt« Nest/Krippe		8				
»Geschafft! Gelernt« Allgemein	4					
»Geschafft! Gelernt« Atelier	4					
»Geschafft! Gelernt« Gesellschaft	4					
»Geschafft! Gelernt« Bewegung	4					
»Geschafft! Gelernt« Musik	4					
»Geschafft! Gelernt« Universum	4					
Ich-Buch		1				
Was ich kann (IEP)	1	1				
Entwicklungsbogen + vorstellen in PEK	1	1				
Auswertung Sprachstandstest	1					
Mein Kunstwerk, Zeichnungen						
Geschichten über mich / Das kann ich gut / Ich lerne gut / Das will ich lernen						
Seite für dich						
Fotogeschichten						
Wo ich schon überall war / Mein Lieblingsbuch / Ein selbst verfasstes Gedicht / Als ich noch … Jahre alt war						
Ich habe eine Frage						
Kinderbefragung / So gefällt es mir						
Ein Experiment / Naturbeobachtung						
Unser soziales Ziel						
Ein schönes Lied						
Gesprächsanregung / Aufnahmegespräch						
Beobachtungsbogen						
Unterschrift des Bezugspädagogen						

© Bananenblau 2017

Jahr:		Jahr:		Jahr:		Jahr:	
1. Halbjahr	2. Halbjahr	1. Halbjahr	2. Halbjahr	1. Halbjahr	2. Halbjahr	1. Halbjahr	2. Halbjahr

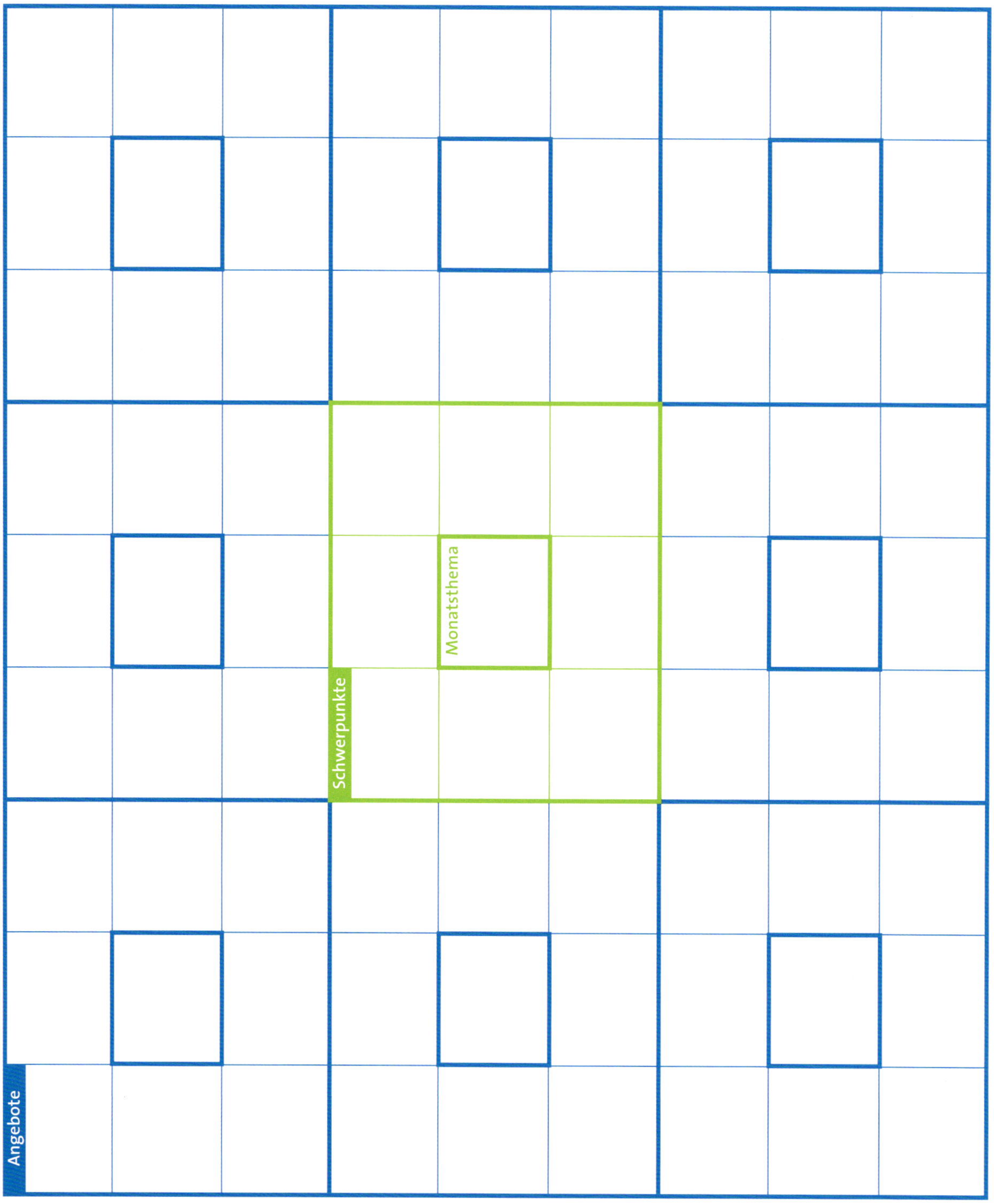

DAS PORTFOLIO-KONZEPT DIGITAL | ANHANG

Monatsthema

Schwerpunkte

Angebote

Lotusplan

Einrichtung:

Monat:

Erstellt am:

Termine:

92 © Bananenblau 2017

DAS PORTFOLIO-KONZEPT DIGITAL | ANHANG

Stand

Angebotsplan

Gruppe	Montag	Dienstag	Mittwoch	Donnerstag	Freitag

© Bananenblau 2017

93

Protokoll Entwicklungsgespräch

Ausgefüllt von: Kind: Tag: Zeitraum:

Teilnehmer:

	Damit beschäftigt sich das Kind gerade häufig und gern	Diese Fähigkeiten entwickelt das Kind gerade und trainiert sie	Das könnte das Kind fördern und im weiteren Lernen unterstützen	Das werden wir konkret tun, um das Kind in seiner Entwicklung zu unterstützen
Krippe				
Eltern				
Auswertung				

Einwilligungserklärung zur Weitergabe der Lerndokumentation / Stufenblätter von der Kita an die Schule

Name des Kindes:

Voraussichtliche Grundschule:

Sehr geehrte Eltern und Erziehungsberechtigte,

die Einrichtungen der Klax Berlin gGmbH erfüllen den gesetzlich vorgeschriebenen Bildungsauftrag (§22, Abs. 3, SGB VIII) sowie die Vereinbarung über die Qualitätsentwicklung in Berliner Kindertagesstätten (QVTAG). Diese schreibt unter anderem vor, dass die „Lerndokumentation" des Sprachlerntagebuchs von der Kita an die Grundschule weitergegeben werden muss (Anlage 6, QVTAG). Die Stufenblätter der Klax Pädagogik beinhalten die „Lerndokumentation" des Sprachlerntagebuchs und sollen – bezugnehmend auf die Vorgaben der Senatsverwaltung für Bildung, Wissenschaft und Forschung – von den Klax Kindergärten anstelle der „Lerndokumentation" aus dem Sprachlerntagebuch an die Grundschulen weitergegeben werden.

Die Stufenblätter aus dem Portfolio geben einen Überblick über die Entwicklung und die grundlegenden sprachlichen Fähigkeiten Ihres Kindes. Sie werden durch die Erzieherinnen und Erzieher Ihres Kindes bearbeitet und sollen den guten und erfolgreichen Übergang vom Kindergarten in die Schule unterstützen. Die künftige Lehrerina oder der künftige Lehrer kann sich mit Hilfe dieser Angaben ein Bild davon machen, was Ihr Kind schon gelernt hat. Dies ist wichtig für die Planung des Unterrichts und eine gute Förderung Ihres Kindes. Vor einer Weitergabe besprechen die pädagogischen Fachkräfte mit Ihnen die Inhalte der Stufenblätter.

Am Ende der Kita-Zeit werden die Stufenblätter aus dem Portfolio herausgenommen und der Lehrerin oder dem Lehrer der Grundschule Ihres Kindes übermittelt, sofern die künftige Schule Ihres Kindes bekannt ist. Ist das nicht der Fall, erfolgt eine Weitergabe an das Schulamt Ihres Wohnorts und wird von dort an die Schule Ihres Kindes übergeben. Wurde eine Lerndokumentation an eine Schule weiter gegeben, die Ihr Kind nicht besuchen wird, leitet die Schule die Lerndokumentation an das zuständige Schulamt weiter. Die Lerndokumentation wird Ihnen durch die Schule zurückgegeben, wenn diese für die individuelle sprachliche Förderung Ihres Kindes nicht mehr benötigt wird, spätestens zu Beginn des 2. Schulhalbjahres.

Für einen gelingenden Übergang vom Kindergarten in die Grundschule bitten wir Sie, für die Weitergabe der Stufenblätter Ihres Kindes an die Schule Ihre Einwilligung zu erteilen. Wenn Sie einer Weitergabe nicht zustimmen, entstehen Ihrem Kind keine Nachteile. Die Einwilligung kann bis zum Zeitpunkt der Weitergabe, am _____, gegenüber dem Kindergarten schriftlich widerrufen werden.

Ich erteile die Einwilligung zur Weitergabe *(bitte ankreuzen)*:   ja ○   nein ○

Datum   Unterschrift Erziehungsberichtigte/r

Checkliste für die Verwendung von Fotos/Videos aus der Kita im Internet

1

Das Recht am eigenen Bild: Hat die abgebildete Person die Erlaubnis gegeben, sie zu fotografieren oder zu filmen?

2

Ist eine Einverständniserklärung unterschrieben worden?

3

Wurde zusätzlich in einem Gespräch kurz erläutert, wofür das Foto/Video verwendet werden soll?

4

Urheberrecht beachten: Haben wir das Foto selber gemacht oder besitzen wir das Nutzungsrecht des Fotografen?

5

Haben wir das Copyright angegeben?

6

Haben wir dem Foto/Video eine kurze Beschreibung hinzugefügt? (Was? Wann? Wo?)

7

Haben wir darauf geachtet, dass unsere Fotos/Videos keine Personen zeigen, die unvorteilhaft fotografiert bzw. gefilmt worden sind?

8

Haben wir darauf geachtet, dass eine Fotogröße von 1 MB möglichst nicht überschritten wird?

Unsere Regeln zur Nutzung von digitalen Medien

1

Wir wissen, dass digitale Medien Teil unserer Lebenswelt sind.

2

Wir sind neugierig, kritisch im Denken und kreativ.
So nutzen wir auch digitale Medien.

3

Wir verstehen digitale Medien und setzen uns aktiv
mit den aktuellen Entwicklungen auseinander.

4

Digitale Medien sind Werkzeuge, die unsere Arbeit erleichtern.

5

Wir fördern eine kritische Auseinandersetzung
mit der Nutzung der digitalen Medien.

6

Es reicht uns nicht, digitale Medien in ihrer vorgegebenen Art zu nutzen.
Wir setzen sie als aktive Produzenten zur Umsetzung unserer eigenen Ideen ein.

7

Wir verstehen, wie das Internet funktioniert und nutzen es für unsere Zwecke.
Dabei respektieren wir die Persönlichkeitsrechte und die Privatsphäre anderer.

8

Wir haben uns bewusst gemacht, dass die digitale Technik
unser Zusammenleben und unsere Lebenskultur nicht ersetzen kann und soll.

Antje Bostelmann, Christian Engelbrecht

Eltern in Krippe und Kita gut informieren

Arbeitshilfen und Vorlagen für den Einsatz digitaler Medien in der Elternarbeit

In Krippe und Kindergarten hängt das Wohlbefinden des Kindes von einer guten Verständigung zwischen Eltern und Pädagogen ab. Sie müssen gemeinsam an einem Strang ziehen, anstatt aneinander vorbei zu reden. In diesem Praxisbuch zeigen wir Ihnen, wie Sie mithilfe moderner Technik und digitaler Medien die Elternarbeit in Ihrer Kita verständlich, zeitsparend und informativ gestalten.

Welchen Informationsbedarf haben die Eltern, welche Informationsmittel gibt es heute und welche Ansprache ist wofür angemessen? Wie kann ich die Eltern in meiner Einrichtung umfassend informieren, ohne stundenlang auszudrucken, auszuschneiden und aufzukleben? Wie erkläre ich Skeptikern, dass uns digitalisierte Prozesse mehr Zeit geben für Kinder und Familie?

Dazu liefern wir eindeutige Handlungsempfehlungen zum sicheren Umgang mit digitaler Kommunikation im Kita-Betrieb. Checklisten und Formulare beantworten Fragen wie: Welche Möglichkeiten und Risiken bietet eine Internetpräsenz? Wie reagiere ich im Netz auf öffentliche Kritik von Eltern? Welche Chancen stecken im digitalen Portfolio?

Mit 8 wichtigen Grundsätzen, 14 ausführlichen Kapiteln, Checklisten und Formularen.

1. Auflage 2017
116 Seiten, Broschur
ISBN 978-3-942334-49-5

www.bananenblau.de

Portfolioarbeit war noch nie so einfach

Quälen Sie sich nicht länger mit aufwändiger und zeitraubender Bildungs- und Entwicklungsdokumentation. Das neue Kitaportfolio bietet endlich Zeitersparnis und die sinnvolle Verknüpfung von Planung, Dokumentation und Elternarbeit. Der klar strukturierte Aufbau hilft dabei, die Entwicklungsschritte der Kinder fachlich fundiert und vollständig abzubilden. Und auch Eltern und Kinder an der Portfolioarbeit zu beteiligen gelingt jetzt kinderleicht. So sparen Sie Kosten und Ressourcen und haben gleichzeitig mehr Zeit für die Kinder.

Jetzt anmelden und 30 Tage kostenlos testen!
www.kitaportfolio.de

Das neue Kitaportfolio
von Antje Bostelmann

Für die moderne Kita

Portfolioarbeit in Krippe und Kindergarten

Erfolge festhalten und Lernziele sichtbar machen: Das sind die Grundziele der Portfolioarbeit. Dieser Workshop richtet sich an Erzieher/-innen in Krippe und Kindergarten, die sich mit innovativen Kitakonzepten beschäftigen und auseinandersetzen wollen.
Sie lernen die Portfolioarbeit als Kerninstrument für das Gelingen einer transparenten und herausragenden Bildungs- und Elternarbeit kennen. Mit Hilfe der Methode „Lernen mit Zielen" sowie der Arbeit mit Stufenblättern kann die Gestaltung des Individuellen Entwicklungsplans (IEP) gelingen.

Sie wollen weitere Informationen zu unseren Angeboten erhalten? Dann kontaktieren Sie uns. Wir bieten Workshops, Vorträge, Fachtage, Hospitationen und vieles mehr an.

Institut für Klax-Pädagogik

Arkonastr. 45-49, 13189 Berlin
Tel.: 030/4796-146
Fax 030/477 96-204
institut@klax-online.de
www.klax-institut.de

Facebook: Institut für Klax-Pädagogik